ESCALA DE CALIFICACIÓN DEL AMBIENTE PARA BÉBES Y NIÑOS PEQUEÑOS

EDICIÓN REVISADA

THELMA HARMS
Directora,
Desarollo del Programa de Estudios

DEBBY CRYER
Investigadora
Directora, Programa de Cuidado Infantil

RICHARD M. CLIFFORD
Investigador
Principal

Frank Porter Graham Child Development Center
Universidad de Carolina del Norte en Chapel Hill

Traducido por **Corina Dueñas**, Profesora de Español
La Universidad de Carolina del Norte en Chapel Hill

TEACHERS COLLEGE PRESS
Teachers College, Columbia University
New York and London

Published by Teachers College Press, 1234 Amsterdam Avenue, New York, NY 10027

Cover design by Peter Paul Connolly

ISBN 0-8077-4517-0

Printed on acid-free paper

Manufactured in the United States of America

11   10   09   8   7   6   5   4   3

Contenido

Prefacio a la traducción en español

Es con mucho gusto que les ofrecemos esta traducción en español de la *Escala de Calificación del Ambiente Para Bebés y Niños Pequeños*—Edición Revisada (*Infant/Toddler Environment Rating Scale*—Revised Edition) escrita por Thelma Harms, Debby Cryer y Richard M. Clifford. La cantidad creciente de bebés y niños pequeños menores de 2½ años que son cuidados en círculos infantiles ha hecho extremadamente importante tener un método confiable y válido para evaluar la calidad del cuidado que se les da a estos niños muy pequeños. Cualquier persona que ha tenido la experiencia de cuidar niños sabe que para prosperar, los bebés y niños pequeños necesitan una gran cantidad de cuidado personal para satisfacer sus necesidades físicas, mentales y emocionales durante este período de crecimiento y desarrollo rápido. Por lo tanto, proveer cuidado en grupo de alta calidad es un gran desafío, pero es absolutamente esencial. La esperanza de los autores es que la observación usando esta escala resulte en una base clara y realista sobre la cual mejorar la calidad del cuidado.

Tuvimos la suerte de contratar para esta traducción al mismo equipo que hizo la traducción de nuestra otra escala, la *Escala de Calificación del Ambiente de la Infancia Temprana*—Edición Revisada (*The Early Childhood Environment Rating Scale*—Revised Edition). La traductora, Corina Dueñas, fue instructora de idiomas en el Departamento de Lenguas Romances de la Universidad de Carolina del Norte (1996–2002), y actualmente es Editor de Mercadeo del Programa MBA del HEC Escuela de Administración en París. Su traducción fue revisada por tres profesionales bilingües, todos expertos del contenido en el área de la educación de la infancia temprana: la Dra. Patricia Rodriguez, Directora del Proyecto Leer del Centro Para la Familia y la Comunidad de la Universidad de Nuevo México; la Dra. Dina C. Castro, Investigadora del Instituto de Desarrollo del Niño Frank Porter Graham de la Universidad de Carolina del Norte en Chapel Hill; y la Dra. Maria E. Reyes-Blanes, Profesora Asociada en Ciencias del Niño, la Familia y la Comunidad en la Universidad del Centro de la Florida. Los miembros del equipo de traducción representan competencia en el español hablado en Cuba, México, Perú y Puerto Rico, y esto les permite enfrentar el desafío de crear una traducción que se pueda entender en muchos países hispanohablantes.

Los autores quisieran darle las gracias a:

- La traductora, Corina Dueñas, por su traducción excelente.
- Los miembros del comité de revisión, las Dras. Patricia Rodriguez, Dina Castro, y Maria Reyes-Blanes, por su revisión cuidadosa.
- Elisa Allen, por facilitar la comunicación y adelantar el proceso.
- Teachers College Press por hacer disponible esta traducción.

Thelma Harms, Debby Cryer y Richard M. Clifford
Frank Porter Graham Child Development Institute
noviembre de 2003

Reconocimientos

A lo largo de los años, nuestro trabajo ha sido enriquecido por los numerosos colegas en los Estados Unidos, Canadá, Europa y Asia que han utilizado la *Escala de Calificación del Ambiente para Bebés y Niños Pequeños* [*Infant/Toddler Environment Rating Scale*, ITERS] en sus investigaciones y en el mejoramiento y el control de programas, y que han compartido generosamente con nosotros sus percepciones al respecto. Este intercambio de ideas colegiado y abierto con los usuarios de la ITERS nos ha hecho pensar de manera más profunda y nos ha sido extremadamente útil. Deseamos especialmente agradecer a las numerosas personas que respondieron a nuestro cuestionario sobre la revisión de la ITERS y que contribuyeron con numerosas ideas. Leímos y tomamos en consideración cada una de las sugerencias y, aunque no sea posible nombrar a todas las personas que participaron, deseamos comunicarles la gran medida en que sus sugerencias nos fueron útiles al hacer esta revisión.

Queremos reconocer en particular:

- A los participantes de los grupos de enfoque sobre inclusión y diversidad que tuvieron lugar en Chapel Hill: Wanda Ferguson, Adele Ray, Theresa Sull, Marti Brown, Marie Gianino, Tanya Clausen, Anne Carver, Amy Hoglund, Quwanya Smith, Beth Jaharias, Sarah Hurwitz, Valerie Wallace, Stephanie Ridley, Betty De Pina, Vicki Cole, Melissa Miller y Giselle Crawford.
- A los observadores que acumularon los datos de las pruebas de campo y que, después de estas pruebas, nos hicieron valiosos comentarios: Cathy Riley, Lisa Waller, Kris Fulkerson, Megan Porter, Kim Winton y Lisa Ann Gonzon.
- A Megan Porter, que de manera tan capaz organizó y dirigió las pruebas de campo.
- Agradecemos especialmente a Cathy Riley, Lisa Walker, Kris Fulkerson y Megan Porter por sus comentarios detallados y sus valiosas sugerencias.

- A Ethan Feinsilver y su asistente Mary Baldwin, por su atención al detalle en la preparación del manuscrito.
- A Susan Liddicoat, nuestra editora en Teachers College Press, por su paciencia y determinación.
- A David Gardner por su cuidadoso análisis de los datos de las pruebas de campo.
- Al personal de investigación y al personal del centro de cuidado infantil del Instituto del Desarrollo del Niño Frank Porter Graham (Frank Porter Graham Child Development Institute), por su apoyo continuo a nuestro trabajo.
- Al personal de los centros de cuidado infantil comunitarios locales de Raleigh-Durham-Chapel Hill, cuya participación fue muy importante en nuestro trabajo en la medida en que nos permitieron hacer observaciones en sus salas de clases.
- Al Dr. Don Bailey, Director del Instituto del Desarrollo del Niño Frank Porter Graham (Frank Porter Graham Child Development Institute), por conceder una pequeña subvención para apoyar al grupo de enfoque de la revisión de la ITERS.
- A Luba Lynch, Directora Ejecutiva y a Betty Bardige, Presidenta de la Fundación de la Familia A.L. Mailman (A.L. Mailman Family Foundation) por financiar las pruebas de campo y el paquete de capacitación por video y, especialmente, por tener fe en nosotros y en el valor de nuestro trabajo.

Thelma Harms, Debby Cryer y Richard M.Clifford
Frank Porter Graham Child Development Institute
agosto de 2002

Introducción a la ITERS-R

La Edición Revisada de la Escala de Calificación del Ambiente para Bebés y Niños Pequeños (Infant/Toddler Environment Rating Scale-Revised Edition, ITERS-R) es una revisión a fondo de la Escala de Calificación del Ambiente para Bebés y Niños Pequeños (Infant/Toddler Environment Rating Scale, ITERS 1990) original. Esta escala es parte de una serie de cuatro escalas que tienen el mismo formato y sistema de calificación aunque varían considerablemente en cuanto a requisitos debido a que cada escala evalúa un grupo etario y/o un tipo de ambiente de desarrollo infantil distinto. La ITERS-R conserva la extensa definición original de ambiente en la cual se incluye organización de espacio, interacción, actividades, horario y previsiones para el personal y los padres. Los 39 ítems están organizados en siete subescalas: Espacio y muebles, Rutinas de cuidado personal, Escuchar y hablar, Actividades, Interacción, Estructura del programa y Padres y personal. Esta escala se encarga de evaluar los programas para niños menores de 30 meses de edad, que es el grupo etario más vulnerable física, mental y emocionalmente. Por lo tanto, la ITERS-R contiene ítems que evalúan el ambiente en cuanto a seguridad y protección de la salud de los niños, el estímulo apropiado a través del lenguaje y las actividades, y una interacción cálida y fortalecedora.

Hay que admitir que satisfacer las necesidades de bebés y niños pequeños en un ambiente grupal supone un reto muy grande debido a que cada uno de estos niños muy pequeños exige mucha atención personal para desarrollarse. La presión económica de criar niños hace que enviarlos a la guardería infantil continúe siendo la regla más que la excepción. Por lo tanto, como sociedad, estamos cada vez más conscientes de que tenemos que hacer frente al desafío de tener guarderías infantiles que promuevan un desarrollo óptimo. Durante mucho tiempo proporcionar la educación y el estímulo que los niños pequeños necesitan diariamente ha sido el reto personal de los educadores profesionales de la infancia temprana. Un instrumento completo, válido y confiable que evalúe la calidad del proceso y cuantifique la observación de lo que ocurre en una sala de clases puede desempeñar un importante papel en el mejoramiento de la calidad del cuidado de los bebés y los niños pequeños.

Para definir y medir la calidad, la ITERS-R extrae datos de tres fuentes principales: pruebas de investigación de varios campos pertinentes, tales como salud, desarrollo y educación; opiniones profesionales sobre prácticas óptimas; y limitaciones prácticas de la vida real en el ambiente de la guardería. Los requisitos de la ITERS-R se basan en lo que estas fuentes consideran como condiciones importantes para obtener resultados positivos en los niños durante y después de su permanencia en el programa. El principio orientador aquí, como en todas las escalas de clasificación del ambiente, ha sido centrarnos en lo que sabemos que es bueno para los niños.

Proceso de revisión

Se utilizaron cuatro fuentes principales de información durante el proceso de revisión: (1) investigación sobre el desarrollo en los primeros años de vida y hallazgos relacionados con el efecto de los ambientes de cuidado infantil en la salud y el desarrollo de los niños; (2) comparación del contenido de la ITERS original con instrumentos de evaluación diseñados para un grupo etario similar y documentos adicionales que describen aspectos de la calidad de los programas; (3) comentarios de los usuarios de la ITERS obtenidos mediante un cuestionario que se hizo circular y que se publicó en nuestra página Web y generados por grupos de enfoque de profesionales familiarizados con la ITERS; y (4) uso intensivo del instrumento durante más de dos años por dos de los coautores de la ITERS y más de 25 evaluadores capacitados en la ITERS para el Proyecto de Licencias Calificadas de Carolina del Norte (North Carolina Rated License Project).

Los datos de los estudios de calidad de programa nos dieron información acerca del intervalo de calificaciones en diversos ítems, la dificultad relativa de los ítems y su validez. La comparación de contenido nos sirvió para identificar los ítems que se podrían agregar o eliminar. Sin duda la orientación más útil para la revisión fueron las respuestas obtenidas con el uso directo en el terreno. Los colegas de los Estados Unidos, Canadá y Europa que han usado la ITERS en investigación, control y mejora de programas aportaron valiosas sugerencias basadas en su experiencia con la escala. El grupo de enfoque trabajó en particular con lo que se necesitaba para hacer que la ITERS corregida fuera más sensible a la inclusión y la diversidad.

Cambios en la ITERS-R

Reteniendo las semejanzas básicas que proporcionan la continuidad entre la ITERS y la ITERS-R, se hicieron los siguientes cambios:

1. Se numeraron los indicadores de los niveles de calidad de los ítems de manera que fuera posible asignarles un valor "Sí", "No" o "No se aplica (NA)" en la hoja de calificación. Esto permite que reflejen con mayor exactitud los puntos fuertes y los puntos débiles observados en los ítems.

2. Se eliminaron los indicadores negativos en el nivel mínimo de un ítem y ahora sólo se encuentran en el nivel 1 (inadecuado). En los niveles 3 (mínimo), 5 (bueno) y 7 (excelente) sólo se usan indicadores de atributos positivos. Esto elimina la única excepción a la regla de calificación de la ITERS original.

3. Las notas aclaratorias se ampliaron para dar información adicional a fin de aumentar la exactitud de la calificación y explicar la intención de los indicadores e ítems específicos.

4. Se agregaron indicadores y ejemplos a numerosos ítems para hacerlos más inclusivos y culturalmente sensibles. Esto obedece a las sugerencias de los usuarios sobre la incorporación de indicadores y ejemplos a la escala en lugar de agregar una nueva subescala.

5. Se agregaron nuevos ítems a varias subescalas, a saber:
   - Escuchar y hablar: Ítem 12. Ayudar a los niños a entender el lenguaje e Ítem 13. Ayudar a los niños a usar el lenguaje.
   - Actividades: Ítem 22. Naturaleza y ciencias e Ítem 23. Uso de televisores, videos y/o computadoras.
   - Estructura del programa: Ítem 30. Juego libre e Ítem 31. Actividades de juego en grupo.
   - Padres y personal: Ítem 37. Continuidad del personal e Ítem 38. Supervisión y evaluación del personal.

6. Algunos ítems de la subescala Espacio y muebles se combinaron para eliminar la redundancia y se suprimieron dos ítems en Rutinas de cuidado personal: Ítem 12. Normas de salud e Ítem 14. Normas de seguridad. La investigación demostró que estos ítems se calificaron de manera rutinaria con calificaciones altas debido a que estaban basados en la reglamentación, pero los ítems correspondientes que evaluaban la práctica recibieron calificaciones mucho más bajas. La ITERS-R debe concentrarse en la práctica puesto que su propósito es evaluar la calidad del proceso.

7. La progresión de algunos de los ítems de la subescala Rutinas de cuidado personal se hizo más gradual para reflejar mejor la variedad de los niveles de prácticas de salud en situaciones de la vida real, tales como el Ítem 6. Saludos y despedidas, el Ítem 7. Comidas y meriendas, el Ítem 9. Cambio de pañales y uso del baño, el Ítem 10. Prácticas de salud y el Ítem 11. Prácticas de seguridad.

8. Cada ítem se imprime en una página aparte, seguido de las notas aclaratorias.

9. Se incluyen preguntas modelo para los indicadores que son difíciles de observar.

Confiabilidad y validez

Como se ha dicho anteriormente en esta introducción, la ITERS-R es una revisión de la muy conocida y establecida ITERS, que es una familia de instrumentos diseñados para evaluar la calidad general de los programas de infancia temprana. Junto con la Escala de Calificación del Ambiente de la Infancia Temprana (Early Childhood Environment Rating Scale, ECERS) y su versión más reciente, la ECERS-R, estas cuatro escalas se han usado en importantes proyectos de investigación tanto en los Estados Unidos como en varios otros países. Esta extensa investigación ha documentado la confiabilidad de las escalas en cuanto a uso y su validez en términos de su relación con otras medidas de calidad y con los resultados de desarrollo infantil de niños en salas de clase con diversas calificaciones ambientales.

En particular, las calificaciones de la ECERS y la ITERS son predichas por medidas estructurales de calidad tales como la proporción de personal a niños, el tamaño del grupo y la educación del personal docente (Cryer, Tietze, Burchinal, Leal y Palacios, 1999; Phillipsen, Burchinal, Howes y Cryer, 1998). Las calificaciones también se relacionan con otras características cuya relación con la calidad se espera normalmente, tal como el salario de los maestros y los costos totales del programa (Cryer et al., 1999; Marshall, Creps, Burstein, Glantz, Robeson y Barnett, 2001; Phillipsen et al., 1998; Whitebook, Howes y Phillips, 1989). A su vez, se ha demostrado que las calificaciones de la escala de calificación predicen el desarrollo de los niños (Burchinal, Roberts, Nabors y Bryant, 1996; Peisner-Feinberg et al., 1999).

Puesto que la validez coincidente y previsible de la ITERS original está bien establecida y la revisión actual mantiene las propiedades básicas del instrumento original, los estudios de la ITERS-R se han concentrado en el grado en el cual la versión corregida mantiene la habilidad de los observadores capacitados para usar la escala de manera confiable. Será necesario hacer más estudios para documentar la relación perdurable de la ITERS-R con otras medidas de calidad y documentar su capacidad de predecir resultados infantiles. Entre los años 2001 y 2002 se completó un estudio de dos fases para establecer la confiabilidad de uso de la escala.

La primera fue una fase piloto. En esta fase, 10 observadores capacitados en grupos de dos o tres usaron la primera versión de la escala corregida en 12 observaciones en 9 centros con grupos de bebés y/o niños pequeños. Después de estas observaciones, se hicieron modificaciones en la escala corregida para ajustarla a los problemas que surgieron en las observaciones piloto.

La fase final de la prueba de campo supuso un estudio de confiabilidad más formal. En esta fase, seis observadores capacitados hicieron 45 observaciones emparejadas. Cada observación duró aproximadamente tres horas y fue seguida por una entrevista de 20 a 30 minutos con la o el maestra(o). Los grupos observados se seleccionaron de manera que representaran la gama de calidad de los programas en Carolina del Norte. Carolina del Norte cuenta con un sistema de licencias calificadas que otorga puntos por varias características relacionadas con la calidad. Los centros reciben una licencia de una a cinco estrellas dependiendo del número total de puntos obtenidos. Los centros que reciben una licencia de una estrella sólo cumplen con los requisitos básicos especificados por la ley de concesión de licencias, en tanto que los centros con cinco estrellas cumplen con estándares mucho más altos. Para nuestra muestra seleccionamos 15 grupos en centros co una o dos estrellas, 15 con tres estrellas y 15 con cuatro o cinco estrellas. Los programas también se escogieron de manera que representaran varios intervalos de edad de los niños atendidos. De los 45 grupos observados, 15 eran grupos de niños menores de 12 meses, 15 grupos de niños entre 12 y 24 meses y 15 grupos de niños entre 18 y 30 meses de edad. Los grupos estaban en 34 centros distintos y 7 de ellos incluían niños con discapacidades identificadas. Todos los centros estaban en la parte central de Carolina del Norte.

La prueba de campo tuvo como resultado 90 observaciones con dos observaciones emparejadas cada una en 45 ambientes grupales. Se calcularon varias medidas de confiabilidad.

Confiabilidad del indicador. En los 39 ítems en la ITERS corregida, hay un total de 467 indicadores. Hubo concordancia en el 91.65% de las calificaciones de indicadores asignadas por los evaluadores. Algunos investigadores omiten la subescala de Padres y personal. De este modo, hemos calculado la confiabilidad del indicador para los ítems relacionados con niños en las primeras seis subescalas, ítems 1 a 32. La concordancia de observadores en los 378 indicadores de estos ítems fue de 90.27%. Sólo un ítem presentó una concordancia de indicador menor de 80% (el Ítem 11. Prácticas de seguridad obtuvo 79.11%). El ítem con el nivel más alto de concordancia de indicador fue el Ítem 35. Necesidades profesionales del personal, 97.36%. Es aparente que usar la ITERS-R, permite obtener un alto nivel de concordancia de observador a nivel de indicador.

Confiabilidad del ítem. Debido a la naturaleza del sistema de calificación, es teóricamente posible que haya alta concordancia de indicador y baja concordancia de ítem. Se han calculado dos medidas de concordancia de ítem. En primer lugar, calculamos la concordancia entre pares de observadores en un intervalo de 1 punto en la escala de 7 puntos. En los 32 ítems relacionados con niños, hubo concordancia a este nivel 83% de las veces. En los 39 ítems en total, se obtuvo concordancia en un intervalo de 1 punto en 85% de los casos. La concordancia de ítem en un intervalo de 1 punto varió de un mínimo de 64% en el Ítem 4. Organización de la sala, hasta 98% en el Ítem 38. Evaluación del personal.

Una segunda medida de confiabilidad algo más conservadora es la Kappa de Cohen. Esta medida toma en cuenta la diferencia entre calificaciones. La Kappa ponderada promedio en los primeros 32 ítems fue de 0.55 y en la escala completa de 39 ítems fue de 0.58. La Kappa ponderada varió de un mínimo de 0.14 en el Ítem 9. Cambio de pañales y uso del baño, hasta un máximo 0.92 en el Ítem 34. Previsiones para necesidades personales del personal. Sólo dos ítems presentaron una Kappa ponderada por debajo de 0.40 (Ítem 9. Cambio de pañales y uso del baño e Ítem 11. Prácticas de seguridad, con una Kappa ponderada de 0.20). En ambos casos, la calificación promedio del ítem fue extremadamente baja. Una característica de la estadística Kappa es que, en los ítems con poca variabilidad, la confiabilidad es particularmente sensible incluso a diferencias menores entre observadores. Los autores y observadores están de acuerdo en que las bajas calificaciones en estos ítems reflejaron de manera precisa la situación en los grupos observados y que cualquier cambio para aumentar considerablemente la variabilidad daría una imagen inexacta de las características de calidad reflejadas en estos dos ítems. En todos los ítems con una Kappa ponderada por debajo de 0.50 los autores examinaron cuidadosamente los ítems e hicieron cambios menores para mejorar la confiabilidad del ítem sin cambiar su contenido básico. Estos cambios están incluidos en la versión impresa de la escala. Incluso si se usa la medida de confiabilidad más conservadora, los resultados generales indican un nivel de confiabilidad claramente aceptable.

Concordancia general. En la escala completa, la correlación dentro de la clase fue de 0.92 en los 39 ítems y en los 32 ítems relacionados con niños. La correlación dentro de la clase de las 7 subescalas se muestra en la Tabla 1. Debe destacarse que la correlación dentro de la clase en la subescala Estructura del programa se calculó sin incluir el ítem 32. Previsiones para niños con discapacidades, puesto que sólo una pequeña parte de los grupos recibió calificación en este ítem. Considerada en combinación con los altos niveles de concordancia de ítem, la escala tiene niveles de confiabilidad claramente aceptables. Debe recordarse que esta prueba de campo utilizó observadores capacitados que tenían una buena comprensión de los conceptos usados en la escala.

Tabla 1 Correlación dentro de la clase de las subescalas

Subescala	Correlación
Espacio y muebles	0.73
Rutinas de cuidado personal	0.67
Hablar y escuchar	0.77
Actividades	0.91
Interacción	0.78
Estructura del programa	0.87
Padres y personal	0.92
Escala completa (ítems 1 a 39)	0.92
Ítems relacionados con niños (1 a 32)	0.92

Coherencia interna. Por último examinamos la coherencia interna de la escala. Esta es una medida del grado en que la escala completa y las subescalas parecen medir un concepto común. En general, la escala tiene un alto nivel de coherencia interna con un alfa de Cronbach de 0.93. En los ítems relacionados con niños (1 a 32) el alfa es de 0.92. Esta medida indica un alto grado de confianza de que se está midiendo un concepto unificado. El otro problema es el grado en que las subescalas muestran coherencia. La Tabla 2 muestra los alfas de cada subescala:

Tabla 2 Coherencia interna

Subescala	Alfa
Espacio y muebles	0.47
Rutinas de cuidado personal	0.56
Hablar y escuchar	0.79
Actividades	0.79
Interacción	0.80
Estructura del programa	0.70
Padres y personal	0.68
Escala completa (ítems 1 a 39)	0.93
Ítems relacionados con niños (1 a 32)	0.92

Los alfas de Cronbach de 0.6 y más generalmente se consideran niveles aceptables de coherencia interna. De este modo, se debe tener cuidado al usar las subescalas Espacio y muebles y Rutinas de cuidado personal. El Ítem 32. Previsiones para niños con discapacidades de la Estructura del programa se calificó sólo para los pocos grupos que tenían niños con discapacidades identificadas. La calificación de coherencia interna para esta subescala se calculó sin incluir este ítem. Por lo tanto, los autores recomiendan usar la subescala Estructura del programa sin incluir el ítem 32, a menos que la mayoría de los programas que se evalúen incluyan niños con discapacidades.

En general, la prueba de campo demostró un alto nivel de concordancia entre evaluadores en todos los ítems de la escala y en el nivel de calificación de la escala completa. Estos hallazgos son bastante comparables con los de estudios similares de las ITERS y ECERS originales y la ECERS-R. Todos estos estudios previos han sido confirmados con el trabajo de otros investigadores, y se ha demostrado que las escalas son bastante útiles en una amplia gama de estudios relacionados con la calidad de los ambientes para niños pequeños. Al mismo tiempo, se ha demostrado que las escalas son fáciles de usar hasta el punto que es posible llevar a los observadores hasta niveles aceptables de confiabilidad con un nivel razonable de capacitación y supervisión.

Referencias

American Academy of Pediatrics, American Public Health Association, and National Resource Center for Health and Safety in Child Care. (2002). *Caring for Our Children: The National Health and Safety Performance Standards for Out-of-Home Child Care,* 2nd edition. Elk Grove Village, IL: American Academy of Pediatrics.

Burchinal, M., Roberts, J., Nabors, L. y Bryant, D. (1996). Quality of center child care and infant cognitive and language development. *Child Development, 67,* 606–620.

Cryer, D., Tietze, W., Burchinal, M., Leal, T., y Palacios, J. (1999). Predicting process quality from structural quality in preschool programs: A cross-country comparison. *Early Childhood Research Quarterly, 14*(3).

Marshall, N. L, Creps, C. L., Burstein, N. R., Glantz, F. B., Robeson, W. W. y Barnett, S. (2001). *The Cost and Quality of Full Day, Year-round Early Care and Education in Massachusetts: Preschool Classrooms.* Wellesley, MA: Wellesley Centers for Women and Abt Associates, Inc.

Phillipsen, L., Burchinal, M., Howes, C. y Cryer, D. (1998). The prediction of process quality from structural features of child care. *Early Childhood Research Quarterly, 12,* 281–303.

Peisner-Feinberg, E. S., Burchinal, M. R., Clifford, R. M., Culkin, M. L., Howes, C., Kagan, S. L., Yazejian, N., Byler, P., Rustici, J. y Zelazo, J. (1999). *The Children of the Cost, Quality, and Outcomes Study Go to School: Technical Report.* Chapel Hill: University of North Carolina at Chapel Hill, Frank Porter Graham Child Development Center.

Whitebook, M., Howes, C. y Phillips, D. (1989). *Who Cares? Child Care Teachers and the Quality of Care in America. National Child Care Staffing Study.* Oakland, CA: Child Care Employee Project.

Instrucciones para usar la ITERS-R

Es importante ser preciso al usar la ITERS-R, sea que usted la use en su propia clase para hacer una autoevaluación o que la use como observador externo para supervisar, evaluar o mejorar el programa o para hacer una investigación. Hay un paquete de videos de capacitación sobre la ITERS-R que se puede obtener a través de Teachers College Press para usarlo como autocapacitación o como parte de una capacitación de grupos. Es preferible participar en una capacitación dirigida por un capacitador con experiencia en la ECERS-R antes de usar la escala formalmente. La secuencia de capacitación para los observadores que usarán la escala para controlar, evaluar o investigar debe incluir por lo menos dos observaciones de clase de práctica con un grupo pequeño de observadores, seguido por una comparación de confiabilidad entre calificadores. Puede ser necesario hacer observaciones prácticas de campo adicionales para alcanzar el nivel de concordancia deseado o para desarrollar la confiabilidad dentro de los grupos. Toda persona que planee usar la escala debe leer atentamente las instrucciones siguientes antes de tratar de calificar un programa.

Administración de la escala

1. La escala ha sido diseñada para una sala de clases o un grupo de niños de hasta 30 meses de edad. Se debe reservar un período de tiempo de por lo menos 3 horas para observar y calificar si usted es observador externo, es decir, toda persona que no sea miembro del personal pedagógico (p. ej., directores del programa, consultores, personal que otorga licencias e investigadores).

2. Antes de empezar su observación, escriba los datos de identificación en la parte superior de la primera página de la Hoja de calificación. Va a tener que pedirle información a la o el maestra(o), especialmente las fechas de nacimiento del menor y el mayor de los niños, la cantidad de niños inscritos en el grupo y si acaso hay niños con discapacidades identificadas en el grupo. Hacia el final de la observación, asegúrese de que todos tiene todos los datos de identificación solicitados en la primera página.

3. Dedique unos minutos al principio de su observación para orientarse en la sala de clases.
   - Es recomendable empezar con los ítems 1 al 5 de la categoría Espacio y muebles porque son fáciles de observar y en general no cambian durante la observación.
   - Algunos ítems requieren la observación de hechos y actividades que ocurren sólo a horas específicas del día (p. ej., los ítems 6 al 9 de

"Rutinas de cuidado personal", Ítem 16. Juego físico activo). Esté consciente de estos ítems para que pueda observarlos y calificarlos cuando ocurran.
   - Califique los ítems que evalúan las interacciones sólo después que haya observado por un tiempo suficiente para obtener una imagen representativa (p. ej., ítems 13 y 14 sobre lenguaje, ítems 25 al 28 sobre interacciones).
   - El ítem 14. Uso de libros y los ítems 15 al 24 de la subescala Actividades requieren tanto la inspección de materiales como la observación del uso de los materiales.

4. Cuide de no interferir con las actividades mientras observa.
   - Mantenga una expresión agradable pero neutra.
   - No tenga interacción con los niños a menos que vea una situación peligrosa que se tenga que atender inmediatamente.
   - No le hable ni interrumpa al personal.
   - Tenga cuidado del lugar en que se ubica en la sala para evitar perturbar el ambiente.

5. Reserve un tiempo con la o el maestra(o) para hacer preguntas sobre los indicadores que no pudo observar. La o el maestra(o) debe estar libre de la responsabilidad de cuidar niños mientras esté respondiendo a estas preguntas. Necesitará de 20 a 30 minutos para las preguntas. Para utilizar mejor este tiempo reservado para las preguntas:
   - Use las preguntas modelo cuando corresponda.
   - Si tiene que hacer preguntas sobre ítems para los cuales no hay preguntas modelo, anote su pregunta en la Hoja de calificación o en otra hoja de papel antes de hablar con la o el maestra(o).
   - Haga sólo las preguntas necesarias para decidir si una calificación más alta es posible.
   - Haga preguntas sobre los ítems uno por uno y tome notas o decida la calificación antes de pasar al próximo ítem.

6. Tenga en cuenta que la Hoja de calificación de seis páginas, que empieza en la página 57, es una forma conveniente de apuntar las calificaciones de los indicadores, los ítems, las subescalas, las calificaciones totales y sus comentarios. La Hoja de perfil, que viene después de la Hoja de calificación permite una representación gráfica de esta información.
   - Se necesita una Hoja de calificación en limpio para cada observación. Por medio de la presente usted queda autorizado(a) a fotocopiar sólo la Hoja de calificación y la Hoja de perfil, pero no la escala entera.

- Las calificaciones se deben anotar en la Hoja de calificación antes de retirarse del lugar o inmediatamente después. No se deben memorizar para anotarlas después.

- Complete la evaluación y los informes que se requieran antes de hacer otra observación.

- Se recomienda usar un lápiz con un buen borrador para marcar la Hoja de calificación durante la observación a fin de poder hacer cambios fácilmente.

Sistema de calificación

1. Lea atentamente la escala entera, incluyendo los ítems, las notas aclaratorias y las preguntas. Para ser precisas, todas las calificaciones tienen que estar basadas, con la mayor exactitud posible, en los indicadores dados en los ítems de la escala.

2. La escala se debe mantener al alcance de la mano y se debe consultar con frecuencia durante toda la observación para asegurarse de que las calificaciones se asignan con exactitud.

3. Los ejemplos que sean diferentes de los especificados en los indicadores pero que parezcan comparables se pueden usar como base para dar calificación positiva en un indicador.

4. Las calificaciones se deben basar en la situación real que se observa o que declara el personal, no en los planes futuros. Si no hay información observable en la cual basar la calificación, usted puede usar las respuestas del personal durante el período de preguntas para asignar calificaciones.

5. Los requisitos de la escala se aplican a *todos* los niños del grupo que se está observando, a menos que se haga una nota sobre alguna excepción en el ítem en cuestión.

6. Mientras esté calificando un ítem, empiece siempre con el nivel 1 (inadecuado) y progrese hacia arriba hasta llegar a la calificación correcta.

7. Se marca Sí (S) en la Hoja de calificación si el indicador es *verdadero* en la situación que se está observando. Se marca No (N) si el indicador *no es verdadero* (Ante cada indicador numerado hágase la pregunta "¿Es esto verdadero, sí o no?")

8. Las calificaciones se deben asignar de la manera siguiente:
   - La calificación 1 se da cuando hay uno o más indicadores 1 con calificación "Sí".
   - La calificación 2 se da cuando todos los indicadores 1 tienen calificación "No" y por lo menos la mitad de los indicadores 3 tienen calificación "Sí".

- La calificación 3 se da cuando todos los indicadores 1 tienen calificación "No" y todos los indicadores 3 tienen calificación "Sí".

- La calificación 4 se da cuando todos los indicadores 3 se cumplen y por lo menos la mitad de los indicadores 5 tienen calificación "Sí".

- La calificación 5 se da cuando todos los indicadores 3 se cumplen y todos los indicadores 5 tienen calificación "Sí".

- La calificación 6 se da cuando todos los indicadores 5 se cumplen y por lo menos la mitad de los indicadores 7 tienen calificación "Sí".

- La calificación 7 se da cuando todos los indicadores 5 se cumplen y todos los indicadores 7 tienen calificación "Sí".

- La calificación NA (no se aplica) se puede dar sólo a los indicadores o ítems enteros que tengan la indicación "NA permitida" en la escala y en la Hoja de calificación. Los indicadores calificados NA no se cuentan al determinar la calificación del ítem y los ítems marcados NA no se cuentan cuando se calculan las calificaciones de las subescalas y de la escala total.

- Para calcular el promedio de las calificaciones de las subescalas, sume las calificaciones de los ítems de la subescala y divídalo por el número de ítems calificados. El promedio total es la suma de las calificaciones de todos los ítems de la escala dividida por el número de ítems calificados.

Opción de calificación alternativa

Como se puede dar una calificación a cada uno de los indicadores de la ITERS-R, es posible seguir calificando los indicadores más allá de la calificación del nivel de calidad asignada a un ítem. En el sistema de calificación descrito arriba, los indicadores se califican sólo hasta que se asigne una calificación de calidad al ítem. Pero, si para propósitos de investigación o de mejoramiento del programa, se desea adquirir información adicional más allá de la calificación de calidad en las áreas en que se encuentran los ítems más fuertes, el observador puede seguir calificando hasta calificar todos los indicadores del ítem.

Si se escoge la opción de calificación alternativa y se califican todos los indicadores, será necesario extender considerablemente el tiempo de observación y de preguntas. Se necesitan de 3½ a 4 horas de observación y 45 minutos de preguntas para completar todos los indicadores. Sin embargo, la información adicional puede ser útil para hacer planes de mejoramiento específico y para interpretar los resultados de la investigación.

Hoja de calificación y Hoja de perfil

La Hoja de calificación permite calificar los indicadores y los ítems. Las calificaciones de los indicadores son S (Sí), N (No) y NA (no se aplica), que se permite sólo para ciertos indicadores, tal como se indica. Las calificaciones de calidad de los indicadores van de 1 (inadecuado) a 7 (excelente), y también se puede dar la calificación NA (no se aplica), que se permite sólo para ciertos indicadores. También hay un espacio para escribir notas que justifiquen la calificación. Como las notas son especialmente útiles para orientar al personal en cuanto a mejoramientos, sugerimos que se tomen notas más extensas en una hoja de papel separada para ese propósito.

Se debe tener cuidado de marcar la casilla correcta debajo de S, N o NA para cada indicador. La calificación numérica para cada ítem debe estar claramente encerrada en un círculo (vea el modelo, p. 56).

El Perfil permite una representación gráfica de las calificaciones de los ítems y subescalas. Se puede usar para comparar las áreas fuertes y débiles y para seleccionar los ítems y subescalas que se deben mejorar. También hay un espacio para anotar los promedios de las calificaciones de las subescalas. Los perfiles de por lo menos dos observaciones se pueden anotar lado a lado para presentar los cambios de manera visual (vea la muestra en la p. 56).

Explicación de los términos usados en la escala

Accesible. Significa que los niños pueden alcanzar y usar los materiales, los muebles, el equipo, etcétera. Los juguetes en estantes abiertos deben estar fácilmente al alcance de los niños. No debe haber barreras que impidan a los niños alcanzar los juguetes. Por ejemplo, los juguetes no son accesibles si están en contenedores con tapas que los niños no pueden abrir, a menos que el personal dé muestras de que regularmente abre varios contenedores durante la observación para poner los juguetes al alcance de los niños. Si se guardan fuera del alcance de los niños, los materiales se deben colocar a su alcance para que se considere que son accesibles. Por ejemplo, si los materiales se guardan fuera del alcance de un bebé que no puede moverse, debe observarse que el personal acerca el bebé a los materiales o acerca los materiales al bebé. Si durante la observación se ve que el personal da con regularidad acceso a la variedad de juguetes necesarios para un ítem o indicador, se puede considerar que los materiales en cuestión son "accesibles".

Apropiado / correcto. Se usa en varios casos para indicar que el ítem en cuestión es adecuado para la edad y el nivel de desarrollo de los niños del grupo que se observa. Por ejemplo, el Ítem 5. Exhibiciones para niños, el Ítem 7. Comidas y meriendas y el Ítem 14. Uso de los libros utilizan la palabra "apropiado" en el contexto del ítem. Para determinar si se ha cumplido con los requisitos del uso de la palabra "apropiado" en el contexto de un indicador en particular, el observador debe determinar si las necesidades de protección, estímulo y relaciones positivas de los niños han sido satisfechas de una manera significativa y fortalecedora.

Lavado de las manos. Los bebés, los niños pequeños y el personal deben lavarse las manos con agua corriente y jabón durante 5 ó 10 segundos aproximadamente. Las manos se deben secar con toallas de papel individuales que no se compartan o con un secador de aire caliente. Usar toallitas o pañitos antisépticos sin agua no puede sustituirse por el lavado de las manos puesto que no eliminan bien los gérmenes. Sin embargo, para los bebés *muy pequeños* que tienen poco control del cuerpo o la cabeza, el uso de toallitas desechables es un substituto aceptable. Usar guantes no elimina la necesidad de que el personal se lave completamente las manos después de cambiar pañales. Vea las instrucciones detalladas para lavado de las manos en las notas aclaratorias del Ítem 7. Comidas y meriendas, del Ítem 9. Cambio de pañales y uso del baño y del Ítem 10. Prácticas de salud.

Bebés y niños pequeños. Los bebés son niños menores de 11 meses. Los niños pequeños son niños entre 12 y 30 meses de edad. En todos los ítems o indicadores en que se da una edad límite en particular (p. ej., "califique NA cuando todos los niños sean menores de 12 meses"), se permite cierta flexibilidad. Si sólo hay un niño en el grupo que sobrepasa la edad límite, y ese niño tiene *menos de un mes* de diferencia con la edad requerida, entonces sigue siendo posible dar la calificación NA al ítem o indicador. Si el niño tiene más de un mes por sobre el límite de edad, o si hay dos o más niños que no cumplen con la edad requerida, el ítem o indicador se debe calificar. El ítem o los indicadores en cuestión se deben calificar, inclusive si se piensa cambiar al niño a un grupo mayor, ya que las calificaciones deben estar basadas en la situación actual. Hay una excepción a la norma cuando se inscribe un niño con una discapacidad. En este caso, la necesidad de un requisito dependerá de las capacidades y discapacidades del niño. Por ejemplo, si un niño tiene una discapacidad del habla o del lenguaje y no tiene capacidades físicas limitadas, hay muchos requisitos que siguen siendo aplicables, tales como ciertos muebles o actividades que no se relacionan ni con el habla ni con el lenguaje.

Gran parte del día. Se refiere al tiempo que los materiales están a disposición de los niños. Significa la mayor parte del tiempo que algún niño puede estar despierto y dispuesto a jugar. Puesto que muchos niños muy pequeños tienen horarios individuales, debe haber acceso cuando *cualquier* niño esté despierto. Si se impide que los niños usen los materiales durante largos períodos de tiempo a causa de rutinas largas, horarios de grupo o almacenamiento en lugares no accesibles (sillas altas, corrales, lugares al aire libre donde los materiales no están disponibles; acceso limitado para niños que no se pueden mover), no se puede dar una calificación positiva por "gran parte del día". En el caso de los bebés que no se pueden mover, no es necesario que todos los juguetes o materiales estén disponibles al mismo tiempo durante toda la observación debido a problemas de desorden. Sin embargo, debe haber indicaciones claras de que estos niños disponen en varias oportunidades durante el día de la variedad y cantidad necesaria de materiales.

Algunos / en cierta medida; y muchos: Se usa en toda la escala para denotar cantidad o frecuencia. Se pueden dar directrices específicas en varios ítems. "algunos / en cierta medida" denota presencia en el ambiente y se debe observar por lo menos un ejemplo, a menos que las directrices exijan más ejemplos. Para dar una calificación positiva por "muchos" los niños deben tener acceso sin largos períodos de espera o competencia excesiva.

Personal. Se refiere generalmente a los adultos que se involucran directamente con los niños; el personal pedagógico. Cuando un miembro del personal hace algo de forma diferente, es necesario llegar a una calificación que caracteriza el impacto total de todos los miembros del personal sobre los niños. Por ejemplo, en una sala de clase en donde uno de los miembros del personal es muy locuaz y el otro es relativamente lacónico, la calificación se determina en función de la medida en que se satisfacen las necesidades de estímulo verbal de los niños. En todos los ítems relacionados con algún tipo de interacción, la palabra "personal" se refiere a los adultos que están en la sala de clases y trabajan con los niños diariamente (o casi diariamente) durante gran parte del día. Esto puede incluir a los voluntarios, si están en la sala de clases la cantidad de tiempo requerida. Los adultos que están en la sala de clases durante cortos períodos del día o que no son parte normal cotidiana de la sala de clases, no cuentan para la evaluación del cumplimiento de los requisitos del ítem. Por ejemplo, si un terapeuta, un padre, una madre, un director o el propietario del programa viene a la sala de clases e interactúa con los niños por períodos cortos o irregulares, tal interacción no cuenta en la calificación del ítem, *a menos que tenga un efecto negativo importante sobre el funcionamiento de la clase o del grupo o sobre uno o más niños específicos*. Cuando el personal, tal como interinos o ayudantes a tiempo parcial, se asigna con regularidad para trabajar en la sala de clases durante períodos específicos del día y están presentes todos los días, sus interacciones deben tenerse en cuenta para la calificación. En programas tales como las cooperativas de padres o los laboratorios escolares cuyo esquema acostumbrado de dotación de personal incluye personas distintas diariamente como paradocentes, tales paradocentes se deben contar como personal.

Por lo general. Se usa para indicar una práctica común o predominante observada que se lleva a cabo con sólo algunas excepciones.

Resúmen de las subescalas y los ítems de la ITERS-R

Espacio y muebles   página 11
1. Espacio interior
2. Muebles para el cuidado rutinario y el juego
3. Previsiones para el relajamiento y el confort
4. Organización de la sala
5. Exhibiciones para los niños

Rutinas de cuidado personal   página 17
6. Recibimiento y despedida
7. Comidas y meriendas
8. Siesta
9. Cambio de pañales y uso del baño
10. Prácticas de salud
11. Prácticas de seguridad

Escuchar y hablar   página 28
12. Ayudar a los niños a entender el lenguaje
13. Ayudar a los niños a utilizar el lenguaje
14. Uso de libros

Actividades   página 31
15. Motricidad fina
16. Juego físico activo
17. Arte
18. Música y movimiento
19. Bloques
20. Juego dramático
21. Juego con arena y agua
22. Naturaleza y ciencias
23. Uso de televisores, videos y/o computadoras
24. Promoción de la aceptación de la diversidad

Interacción   página 41
25. Supervisión del juego y del aprendizaje
26. Interacción entre los niños
27. Interacción entre el personal y los niños
28. Disciplina

Estructura del programa   página 45
29. Horario
30. Juego libre
31. Actividades de juego en grupo
32. Previsiones para niños discapacitados

Padres y personal   página 49
33. Previsiones para los padres
34. Previsiones para las necesidades personales del personal
35. Previsiones para las necesidades profesionales del personal
36. Interacción y cooperación entre el personal
37. Continuidad del personal
38. Supervisión y evaluación del personal
39. Oportunidades para el desarrollo profesional

Inadecuado		Mínimo		Bueno		Excelente
1	2	3	4	5	6	7

ESPACIO Y MUEBLES

1. Espacio interior

1.1 No hay suficiente espacio interior para niños, adultos y muebles.*

1.2 El espacio no tiene suficiente luz, control de temperatura o materiales que absorban el sonido.

1.3 El espacio está en mal estado (p. ej., se está cascando la pintura de las paredes y del techo; los pisos son ásperos y están dañados).

1.4 El espacio está mal mantenido (p. ej., hay acumulación de mugre y suciedad en los pisos y las alfombras; los lavamanos están sucios; no se hacen limpiezas diarias).

3.1 Hay suficiente espacio interior para niños, adultos y muebles.*

3.2 El espacio tiene suficiente luz, control de temperatura o materiales que absorben el sonido.

3.3 El espacio está en buen estado.

3.4 El espacio está bastante limpio y bien mantenido.*

3.5 El espacio es accesible a todos los niños y adultos con discapacidades que están usando actualmente la sala de clases (p. ej., hay rampas y barandas de manos para personas con discapacidades; hay acceso para sillas de ruedas y bastones).*
NA permitida.

5.1 Hay amplio espacio interior para niños, adultos y muebles (p. ej., los niños y adultos pueden moverse libremente; los muebles no llenan demasiado el espacio; hay suficiente espacio para el equipo que necesitan los niños con discapacidades; hay un área abierta espaciosa en la cual los niños pueden jugar).

5.2 Hay buena ventilación y entra una cierta medida de luz natural por las ventanas o tragaluces.

5.3 El espacio es accesible a niños y adultos con discapacidades.*

7.1 Se puede controlar la luz natural que entra (p. ej., hay persianas o cortinas ajustables).

7.2 Se puede controlar la ventilación (p. ej., se pueden abrir las ventanas; se puede usar un ventilador).*

7.3 Los pisos, las paredes y otras superficies integradas están hechos de materiales fáciles de limpiar (p. ej., los pisos, el revestimiento de los pisos, la pintura o el papel, los mostradores y los gabinetes tienen superficies fáciles de limpiar).

---

*Notas aclaratorias

1.1. Base la necesidad de espacio en el mayor número de niños que pueden asistir al programa en un momento dado.

3.1. Que se considere que hay suficiente espacio interior requiere que el personal pueda moverse para satisfacer las necesidades del cuidado rutinario de los niños (tales como tener acceso fácil a los niños en las cunas, separar las áreas de cambio de pañales y de preparación de comidas, etc.) y que los niños tengan suficiente espacio mientras juegan. Debe haber suficiente espacio para adultos, niños y muebles sin que la sala quede atestada.

3.4. Se espera que haya un poco de desorden como resultado de las actividades normales del día. "Bastante limpio" significa que hay evidencia de mantenimiento diario; se pasa la aspiradora y el trapero y las grandes ensuciadas, tales como la comida que cae al piso después de que comen los niños, se limpian inmediatamente.

3.5, 5.3. Para considerar que el espacio es accesible, la sala de clases y el baño deben ser accesibles para las personas con discapacidades. Las entradas deben medir al menos 32 pulgadas de ancho. Debe ser posible abrir las puertas aunque se tenga un uso limitado de las manos. El umbral de la puerta de entrada no debe medir más de 1/2 pulgada de alto y si mide más de 1/4 pulgada, debe ser biselado para que sea fácil pasar ruedas por encima.

No se puede dar una calificación positiva si hay otros impedimentos obvios al acceso para las personas con discapacidades (tales como puestos de baño demasiado estrechos, escaleras sin rampas o elevadores). Para considerar que es mínimamente aceptable (3.5), el espacio interior debe ser accesible para niños y adultos con discapacidades que participan actualmente en el programa. Para una calificación de 5, debe haber acceso aunque no haya personas con discapacidades en el programa.

7.2. Las puertas que dan hacia afuera cuentan como ventilación sólo si se pueden dejar abiertas sin que sea una amenaza a la seguridad (p. ej., si tienen una puerta de tela metálica con seguro o si tienen una cerca de seguridad para impedir que los niños salgan solos de la sala de clases).

Preguntas

7.2. ¿Se puede controlar la ventilación en la sala de clases? *Si la respuesta es afirmativa, pregunte:* "¿Cómo se hace eso?"

Inadecuado		Mínimo		Bueno		Excelente
1	2	3	4	5	6	7

2. Muebles para el cuidado rutinario y el juego

1.1 No hay suficientes muebles para satisfacer las necesidades relacionadas con el cuidado rutinario de los niños: darles de comer, dormir, ir al baño, ponerles pañales, guardar las cosas de los niños y los materiales del cuidado rutinario.*

1.2 No hay suficientes muebles para el juego (p. ej., no hay muebles abiertos para guardar los juguetes).*

1.3 Los muebles están en tan mal estado que pueden causarles daño a los niños (p. ej., tienen astillas o clavos expuestos; las patas de las sillas están flojas).

3.1 Hay suficientes muebles para el cuidado rutinario.

3.2 Hay suficientes muebles para el juego.*

3.3 Todos los muebles son sólidos y están en buen estado.*

3.4 Los asientos de los niños son cómodos y los sostienen bien (p. ej., los niños tienen donde descansar los pies, los asientos tienen soportes laterales y respaldos; las superficies no son resbalosas; los asientos tienen cinturones de seguridad si hacen falta).*

5.1 Los muebles sirven para el cuidado individual de los bebés y niños pequeños (p. ej., sillas altas para los bebés o niños pequeños en vez de una mesa común para comidas en grupo; mesas y sillas para pequeños grupos de niños pequeños; almacenamiento individual para las cosas de los niños).

5.2 Se utilizan algunas mesas y sillas de tamaño apropiado para los niños pequeños.*
NA permitida.

5.3 Los muebles fomentan la autoayuda a medida que los niños desarrollan sus capacidades (p. ej., escalones cerca del lavamanos; silla especial para un niño con discapacidades físicas; estantes abiertos y bajos accesibles para guardar juguetes).

5.4 Hay una cierta medida de espacio para almacenar juguetes y materiales adicionales.

5.5 Hay algunos asientos para que los adultos los usen en el cuidado rutinario.*

7.1 Los muebles de cuidado rutinario son accesibles y convenientes (p. ej., las camas infantiles y las colchonetas están al alcance de los adultos; el lugar donde se guardan los pañales y los materiales de cambiar pañales está cerca de la mesa para cambiar pañales; los casilleros, estantes u otro espacios para guardar las cosas de los niños están localizados de manera de facilitar el acceso y el uso a los padres, al personal y a los niños pequeños mayores.

7.2 La mayor parte de las mesas y sillas utilizadas con los niños pequeños son de tamaño apropiado para los niños.*
NA permitida.

7.3 Hay un área de almacenamiento conveniente y organizado para los juguetes adicionales.

7.4 Hay asientos cómodos para los adultos que trabajan con los niños.*

(Vea las Notas aclaratorias y las Preguntas en la página siguiente)

1.1. Los siguientes artículos son ejemplos de mobiliario para cuidado rutinario: asientos para bebé, sillas altas, mesas y sillas pequeñas para comer; cunas, colchonetas para dormir o camas infantiles; mesas para cambiar pañales y muebles para guardar suministros de cambio de pañales. A menos que todos los niños coman al mismo tiempo, no es necesario tener una silla de comedor para cada niño.

1.2. Los siguientes artículos son ejemplos de mobiliario para jugar: asientos para bebé, mesas y sillas pequeñas, estantes abiertos bajos o palanganas, canastos o cajones de leche para guardar juguetes.

3.2. Para calificar positivamente este indicador, debe haber suficientes estantes abiertos bajos u otros muebles para guardar juguetes. Para calificar positivamente este indicador debe haber suficientes muebles para que todos los juguetes sean accesibles (sin tener los juguetes amontonados en un espacio pequeño).

3.3. La solidez es una característica del mobiliario (p. ej., el mueble no se rompe, no se cae ni se desploma cuando se usa). Si el mobiliario sólido y resistente se coloca de manera tal que puede atropellarse fácilmente, hay un problema de seguridad, no de solidez del mobiliario. No sea demasiado perfeccionista cuando califique este indicador. Si sólo hay un pequeño problema que no crea un riesgo probable de seguridad, califique positivamente este indicador. Por ejemplo, una silla o una mesa que se mantiene entera a pesar de que se tambalea un poco o un sofá al cual no se le ve la espuma a pesar de que la tapicería está un poco gastada son problemas pequeños por los cuales no es necesario reducir la calificación, a menos que haya una cantidad considerable de pequeños problemas.

3.4. Se debe dar una calificación positiva si la mayoría de los niños están cómodos en las sillas de comedor, aunque haya un niño que esté menos cómodo que los otros.

5.2, 7.2. Las sillas infantiles permiten que los niños se sienten y que los pies toquen el suelo (no necesariamente de plano sobre el suelo). Los niños no deben tener que sentarse en el borde de la silla para que los pies toquen el suelo. Las mesas infantiles permiten que las rodillas de los niños queden debajo de la mesa mientras los codos quedan cómodamente por encima de la superficie de la mesa. No cuente como sillas infantiles las sillas altas o las mesas para comer en grupo, en las cuales sea necesario que un adulto siente o acomode a los *niños pequeños*.

5.5, 7.4. A veces las maestras usan sillas u otros muebles de preescolar (p. ej., bloques o cubos grandes) para sentarse mientras alimentan a los niños que están en sillas altas o en mesas bajas. Se puede dar una calificación positiva si los asientos de las maestras son más grandes que los muebles para bebés y niños pequeños y si parecen servirles a las maestras. Sin embargo, no se puede dar una calificación positiva a nivel siete (7) por tales arreglos provisionales, pues a tal nivel se requiere mobiliario cómodo para adultos.

Debe haber asientos para adultos junto a los muebles infantiles de cuidado y aprendizaje a fin de que los ayudantes no se dañen la espalda mientras asisten a los niños (p. ej., en actividades tales como jugar, dar de comer, cambiar pañales y/o ir al baño).

Preguntas

5.4, 7.3. ¿Usa usted otros juguetes o materiales además de los que he observado? *Si la respuesta es afirmativa, pregunte*: ¿Dónde los guarda? ¿Puede mostrármelos?

7.1. *Si las camas infantiles o las colchonetas no se ven durante la observación, pregunte*: ¿Dónde se guardan las camas infantiles o las colchonetas de los niños?

Inadecuado		Mínimo		Bueno		Excelente
1	2	3	4	5	6	7

3. Previsiones para el relajamiento y el confort

1.1 No se ofrece a los niños cosas "blandas" durante la hora de juego (p. ej., no hay muebles tapizados ni áreas alfombradas ni juguetes blandos).*

3.1 Hay algunas alfombras u otros muebles blandos durante la hora de juego (p. ej., cojines, colchoneta, edredón en el piso).

3.2 Hay tres o más juguetes blandos accesibles durante gran parte del día.*

5.1 Hay un área acogedora especial accesible durante gran parte del día.*

5.2 El área acogedora está protegida del juego activo.*

5.3 Hay muchos juguetes blandos accesibles durante gran parte del día.*

7.1 Hay un área acogedora especial y cosas blandas accesibles en varias otras áreas (p. ej., hay varias áreas con alfombras blandas, asientos rellenos para los niños pequeños, sillas o sofás tapizados de tamaño adecuado para niños).

7.2 Los bebés que no pueden moverse son colocados en el área acogedora en momentos apropiados.*
NA permitida.

7.3 Se utiliza el área acogedora para leer o para jugar en silencio.*

---

*Notas aclaratorias

1.1. Se refiere a los objetos blandos que no sean cunas, corrales u otros muebles acolchados para el cuidado rutinario.

3.2. Los siguientes artículos son ejemplos de juguetes blandos: bloques de espuma cubiertos con tela o vinilo, muñecas de trapo, animales de tela, marionetas de trapo, etc. Vea si los juguetes blandos están al alcance de los niños y si los niños pueden usarlos.

5.1. Debe haber una medida considerable de blandura para los niños en el área acogedora. Este requisito no se cumple si sólo hay una colchoneta delgada, un cojín o una alfombra. Por lo general, las áreas acogedoras tienen una combinación de muebles blandos, aunque un solo mueble, tal como un colchón o futon puede cumplir con el requisito si proporciona la cantidad de blandura que necesitan los niños.

5.2. "Protegida" significa que el área acogedora está alejada del equipo para juego activo y que está protegida (mediante una barrera) de los niños que gatean o caminan. No debe estar en el centro de la sala donde hay mucho tránsito. El personal debe ser diligente para garantizar que los niños activos no interfieran con los niños que están en el área acogedora al saltar o correr cerca del niño que se está relajando.

El área acogedora se puede usar durante períodos cortos como espacio de grupo (p. ej., para bailar o hacer un círculo), pero se debe proteger del juego activo durante la mayor parte del día. Si hay dos (2) o más áreas acogedoras, no es necesario que las dos cumplan con los requisitos de los indicadores. Sin embargo, debe haber siempre un (1) área que *no* se use para el juego físico activo. Se puede considerar una combinación de todas las áreas para determinar si la mayor parte del día hay por lo menos un área acogedora disponible.

5.3. Para cumplir con el requisito "muchos", debe haber por lo menos diez (10) juguetes blandos, y como mínimo dos (2) por niño si hay más de cinco niños.

7.2, 7.3. Para dar una calificación positiva, se debe observar por lo menos un (1) caso durante la observación.

Inadecuado		Mínimo		Bueno		Excelente
1	2	3	4	5	6	7

4. Organización de la sala

1.1 Los muebles ocupan la mayor parte del espacio, dejando poco espacio para jugar (p. ej., el espacio está lleno de muebles para el cuidado rutinario; los niños juegan principalmente en espacios pequeños entre las cunas o las mesas de comedor o debajo de ellas).

1.2 Hay grandes problemas con la organización de la sala que impiden la supervisión adecuada de los niños (p. ej., no se puede ver fácilmente la sala de dormir separada; los niños juegan en un área oculta de una sala en forma de "L").*

3.1 Los muebles están dispuestos de manera que haya una cierta medida de espacio abierto para jugar.

3.2 La organización de la sala permite ver a los niños sin gran dificultad (p. ej., las salas de dormir separadas siempre están supervisadas; no hay rincones ocultos o estantes altos que no permitan ver a los niños).*

3.3 La mayoría de los espacios de juego son accesibles a los niños con discapacidades que participan en el programa.
NA permitida.

5.1 Las áreas de cuidado rutinario están organizadas de manera conveniente (p. ej., las cunas y las camas infantiles son fácilmente accesibles; los suministros para el cambio de pañales están a la mano; hay agua corriente tibia; las mesas de comer están en un piso fácil de limpiar).

5.2 La organización de la sala hace que el personal pueda ver a todos los niños de un vistazo (p. ej., se ven fácilmente todas las áreas de juego mientras se están cambiando pañales o se está preparando la comida).*

5.3 Las áreas de juego silencioso y de juego activo están separadas (p. ej., se protegen los bebés menores de los niños más móviles; los libros y los juguetes silenciosos están fuera de las áreas para correr o encaramarse).

5.4 Los juguetes se guardan de manera que los niños los puedan alcanzar fácilmente (p. ej., en estantes abiertos bajos; en contenedores que se pueden poner cerca de los niños que no se pueden mover).

7.1 Hay espacios adecuados para diferentes tipos de experiencias (p. ej., espacios grandes y abiertos para el juego activo; áreas pequeñas y acogedoras para la lectura o el juego silencioso; superficies fáciles de limpiar para el arte y el juego que pueda ensuciar).*

7.2 Los materiales que tienen usos similares se ponen juntos para formar áreas de interés (p. ej., bebés: área de sonajeros o de juguetes blandos; área para gatear; niños pequeños: libros, música, juguetes que se empujan; juguetes para manipular; área de motricidad gruesa).*

7.3 Los patrones de circulación no interfieren con las actividades.

---

*Notas aclaratorias

1.2, 3.2, 5.2. Si hay más de un miembro del personal con el grupo en todo momento, no es necesario que los dos sean capaces de ver todo el espacio de un solo vistazo. Sin embargo, todos los niños deben estar a la vista de por lo menos uno de los miembros del personal. Recuerde que la presencia de dos miembros del personal en una sala durante la observación, pero sólo uno a otras horas (p. ej., temprano en la mañana y tarde en la tarde) se debe tener en cuenta para calificar el ítem.

7.1, 7.2. Las áreas de interés deben hacer que jugar sea cómodo para los niños. El espacio y las superficies de juego deben ser adecuados para el tipo de material que se use. Por ejemplo, los bloques necesitan una superficie firme; hacer garabatos requiere una superficie dura debajo del papel y espacio para

7.1, 7.2. (cont.) que los niños muevan los brazos con libertad. Los bebés requieren menor cantidad y más flexibilidad en cuanto a áreas de interés, en tanto que los niños pequeños necesitan una mayor variedad de espacios para jugar.

Preguntas

5.1. *Si las camas infantiles o las colchonetas no se ven durante la observación y no se obtuvo la información necesaria durante las preguntas sobre el ítem 2, pregunte:* ¿Dónde se guardan las camas infantiles o las colchonetas de los niños? ¿Puede mostrármelos?

Inadecuado		Mínimo		Bueno		Excelente
1	2	3	4	5	6	7

5. Exhibiciones para los niños

1.1 No hay imágenes u otros materiales en exhibición para los niños.

1.2 La mayor parte de la exhibición es inapropiada para la edad predominante del grupo (los materiales contienen violencia; los números y las letras dominan la exhibición).

3.1 Hay por lo menos 3 imágenes en colores vivos y/u otros materiales en exhibición que los niños pueden ver fácilmente (p. ej., móviles, fotos).*

3.2 El contenido de la exhibición es generalmente apropiado (p. ej., no dan miedo; presentan temas que tienen sentido para los niños).

5.1 Hay muchas imágenes, fotografías y/o carteles sencillos, en colores vivos, expuestos por toda la sala.

5.2 Hay móviles y/u otros objetos colgantes que los niños pueden mirar.*

5.3 Muchos de los objetos están ubicados donde los niños los pueden ver fácilmente y algunos se pueden alcanzar fácilmente.

5.4 El personal habla con los niños acerca de los materiales exhibidos.*

7.1 Hay fotografías de los niños del grupo, de sus familias, de las mascotas o de otras caras conocidas a nivel de los ojos de los niños.

7.2 La mayoría de las imágenes están protegidas para que no se rompan (p. ej., plástico transparente sobre las imágenes).

7.3 Se agregan nuevos materiales o se cambia la presentación como mínimo una vez al mes.

7.4 Se exponen las ilustraciones hechas por los niños pequeños (p. ej., imágenes garabateadas, marcas de manos).*
NA permitida.

---

*Notas aclaratorias

3.1. Cuando la única exhibición es el papel mural con imágenes coloridas, o un mural pintado en la pared, se puede dar una calificación positiva para este indicador, pero no para 5.1.

5.2. Dé una calificación positiva por los móviles y objetos colgantes. Es necesario que todos los materiales se muevan. Los objetos bidimensionales en forma de cuadros colgados en la pared (p. ej., figuras recortadas, edredones de colores muy vivos, etc.) no se toman en cuenta para este indicador. Las plantas colgantes se pueden contar.

5.4. Para dar una calificación positiva, se debe observar por lo menos un (1) ejemplo durante la observación.

7.4. Las ilustraciones hechas por los niños pequeños se pueden contar, incluyendo dittos o páginas de libros para colorear en que los niños pequeños hayan garabateado.

*Preguntas

7.3. ¿Se hacen agregados o cambios al conjunto de cuadros e imágenes que hay en las paredes? *Si la respuesta es afirmativa, pregunte:* ¿Con qué frecuencia?

Inadecuado		Mínimo		Bueno		Excelente
1	2	3	4	5	6	7

RUTINAS DE CUIDADO PERSONAL

6. Recibimiento y despedida

1.1 Muchas veces el personal se olvida de saludar a los niños.

1.2 La despedida no está bien organizada.

1.3 A la hora de la llegada y la despedida los padres rara vez entran al área de cuidado de los niños.*

3.1 Se saluda a la mayoría de los niños afectuosamente (p. ej., los miembros del personal parecen estar contentos de ver a los niños, sonríen y usan un tono de voz agradable).

3.2 La despedida está bien organizada (p. ej., las cosas de los niños están listas al momento de partir y les han cambiado los pañales recientemente).

3.3 Los padres traen a los niños al área de cuidado como parte de la rutina diaria.*

3.4 Los padres y el personal intercambian información relacionada con la salud y/o la seguridad de los niños (p. ej., si acaso el niño durmió bien; las medicinas que tomó; las enfermedades que hay en el grupo; las lesiones que se han producido).*

5.1 El personal saluda a cada niño y a su madre o padre y dirige una salida agradable y organizada (p. ej., conversación a la llegada; ropa lista para la salida).

5.2 Los problemas con la separación de la madre o el padre, o la salida del centro, se tratan con sensibilidad (p. ej., consuelo para el niño que llora; paciencia con el niño que no quiere dejar de jugar).

5.3 Los padres pueden ver un registro por escrito de la comida, los cambios de pañales y las siestas diarias del bebé. *NA permitida.*

7.1 Hay un ambiente agradable y relajado que anima a los padres a quedarse un rato en el salón de clases cuando dejan y recogen a los niños (p. ej., los padres y el personal conversan mientras el niño se instala; los padres les leen a sus niños).

7.2 Además de dar información acerca de las rutinas de cuidado, el personal habla con los padres sobre cosas específicas que su niño hizo durante el día (p. ej., actividades de juego que el niño disfrutó; nueva habilidad en que el niño trabajó).*

7.3 Se da a los padres un registro individual por escrito de las actividades del bebé durante el día. *NA permitida.*

---

*Notas aclaratorias

1.3. Interprete la palabra "padres" como cualquier adulto responsable por el cuidado del niño, tal como padres, madres, abuelos, abuelas, niñeras o padres o madres adoptivos.

1.3, 3.3. Si los niños son transportados en autobús hasta el centro y los padres *no* entran al área que se usa para el cuidado, califique afirmativamente el ítem 1.3. Si *algunos* niños son transportados en autobús, pero por lo general *algunos* padres entran al área que se usa para el cuidado, califique negativamente los ítems 1.3 y 3.3.

3.4, 7.2. Si los niños son transportados en autobús, averigüe si los padres y el personal intercambian de alguna manera información acerca de los niños.

Preguntas

Si no se observan saludos ni despedidas, pregunte: ¿Puede describir lo que ocurre cuando los niños llegan o se van? *Si es necesario, continúe con preguntas más específicas tales como*:

1.3, 3.3. ¿Traen los padres generalmente los niños a la sala?

3.2, 5.1. ¿Qué se hace para preparar la partida de los niños?

5.2. ¿Qué se hace si un niño tiene dificultad para dejar que su padre se vaya o si tiene dificultad para irse del centro al final del día?

7.1. ¿Pasan los padres algún tiempo en la sala de clases cuando dejan y recogen a los niños?

7.2. ¿Es posible que el personal hable con los padres cuando recogen a los niños? *Si la respuesta es afirmativa, pregunte:* ¿Qué tipo de temas se tratan?

7.3. ¿Se da a los padres un registro escrito de las actividades del bebé durante el día? *Si la respuesta es afirmativa, pregunte:* ¿Puedo ver un ejemplo?

Inadecuado		Mínimo		Bueno		Excelente
1	2	3	4	5	6	7

7. Comidas y meriendas

1.1 El horario de las comidas y las meriendas no satisface las necesidades individuales.

1.2 La comida que se sirve no satisface las directrices de nutrición o no es aceptable (p. ej., hay comidas que pueden ahogar a los niños; las bebidas y las comidas están muy calientes).*

1.3 Por lo general no se mantienen las condiciones sanitarias básicas.*

1.4 Las prácticas de alimentación son inapropiadas (p. ej., el personal no toma en brazos a los niños cuando les dan el biberón; los niños comen o tienen los biberones en las manos mientras caminan, corren, juegan, están recostados; se fuerza a los niños a comer).*

1.5 No se tienen en cuenta las alergias de los niños a ciertas comidas. *NA permitida.*

3.1 El horario de las comidas y las meriendas es apropiado para los niños (p. ej., los bebés tienen horarios individualizados; a los niños pequeños se les da un bocadillo si les da hambre antes de la hora de almuerzo).*

3.2 Las comidas y las meriendas son equilibradas desde el punto de vista de la nutrición.*

3.3 Las condiciones sanitarias se mantienen por lo menos la mitad de las veces.*

3.4 Hay supervisión para todas las edades y capacidades de los niños (p. ej., hay personal cerca de los niños mientras comen).

3.5 Hay avisos en que se indican las alergias de los niños y se hacen sustituciones de alimentos o bebidas. *NA permitida.*

5.1 Los niños son alimentados por separado o en grupos muy pequeños.*

5.2 Las comidas y las meriendas son relajadas y agradables (p. ej., el personal tiene paciencia cuando los niños se ensucian; se da abundante tiempo a los niños que comen lento; la cara de los niños se limpia cuidadosamente).

5.3 Generalmente se practican procedimientos sanitarios básicos, con sólo algunas excepciones.*

5.4 El personal habla con los niños y los hace pasar un rato agradable.

5.5 Los menús se publican para conocimiento de los padres.* *NA permitida.*

7.1 El personal se sienta con el niño o los niños y aprovecha la hora de la comida para animarlos a aprender (p. ej., mira a los niños a los ojos y les habla; nombra los alimentos; anima a los niños pequeños a hablar y a desarrollar habilidades de autoayuda).

7.2 El personal coopera con los padres para establecer buenos hábitos alimenticios (p. ej., hacen planes para ayudarle al niño a dejar el biberón; coordinan la presentación de nuevos alimentos).

(Vea las Notas aclaratorias y las Preguntas en la página siguiente)

*Notas aclaratorias

1.2. 3.2. Para determinar la idoneidad nutritiva, consulte las directrices de nutrición para bebés y niños pequeños especificadas en las directrices del Programa de Alimentación de Adultos y Atención Infantil de la USDA (USDA Child Care and Adult Food Program) o directrices comparables de otros países. Revise el menú de la semana además de observar la comida que se sirve. La calificación no debe verse afectada si en casos aislados, tales como servir pastelillos para una fiesta de cumpleaños en lugar de la merienda habitual, no se cumple con las directrices. Si no se dispone de menú, pida a la o el maestra(o) que describa las comidas y meriendas que sirvieron durante la última semana. Si los padres proporcionan el alimento, el personal debe verificar la idoneidad nutritiva y complementar cuando sea necesario.

No se consideran apropiados los alimentos demasiado calientes, tales como alimentos o botellas calentados en horno de microondas o en agua caliente a más de 120 grados.

1.3. 3.3. 5.3. Cuando califique lo que consideraría un servicio de comida higiénico para los niños, piense en lo que *usted* esperaría en términos de limpieza en un restaurante (¿Comería alimentos que han caído sobre la silla del restaurante o en el asiento del reservado; o le gustaría que el camarero pusiera alimento en su boca después de poner alimento en la boca de su amigo?) El problema de la propagación de gérmenes es más grave en bebés y niños pequeños, pues tienen sistemas inmunológicos poco desarrollados.

Procedimientos básicos de salubridad:

- El personal debe lavarse las manos, inclusive si usa guantes, antes y después de alimentar con biberón y de preparar y servir alimentos a los niños. Para dar de comer, el personal se debe lavar las manos en cualquier situación en que la piel pueda haberse contaminado (p. ej., recoger juguetes que los niños se han llevado a la boca, recoger a un niño que babea, alimentar a un niño con los dedos).
- Los niños que comen solos (p. ej., con los dedos o con cucharas) deben lavarse las manos antes y después de comer. Se debe minimizar la posibilidad de que los niños se contaminen las manos después de lavárselas para comer, haciendo, por ejemplo, que los niños se sienten a la mesa tan pronto como se hayan lavado las manos.
- Limpiar y desinfectar las superficies para comer (p. ej., bandejas de silla alta o superficies de mesas) antes y después de servir alimentos.
- No se debe dar de comer ningún alimento contaminado a los niños (p. ej., alimentos perecibles no refrigerados traídos de casa; alimentos o bebidas dejados en agua tibia durante más de 5 minutos; alimentos que han caído en el asiento de una silla alta o que han sido tocados por otro niño). Se deben usar utensilios y no las manos para cortar los alimentos o para dar de comer al niño.
- Para que la leche y el jugo embotellado se consideren higiénicos, no pueden estar sin refrigerar durante más de una (1) hora.
- El alimento que se sirve directamente del envase con un tenedor o una cuchara no se puede usar para dar de comer más tarde.

- Las áreas para preparar alimentos deben estar separadas de los corredores, las áreas de los animales y las áreas que se usan para comer, jugar, ir al baño o bañarse.
- Para obtener información sobre el almacenamiento correcto y la manera correcta de servir la leche artificial y la leche materna, consulte las directrices higiénicas estatales de atención infantil o el apéndice Cuidado de Nuestros Niños: Estándares Nacionales de Desempeño para la Salud y la Seguridad en el Cuidado Infantil Fuera de Casa (Caring for Our Children: The National Health and Safety Performance Standards for Out-of-Home Child Care), 2da. edición (2002).
- Cuando hay más de un proveedor de cuidados con un grupo, el proveedor de cuidados que prepara el alimento debe evitar cambiar pañales hasta después de preparar el alimento.
- Los fregaderos que se usen en la preparación de alimentos no se deben usar para otro propósito (p. ej., lavarse las manos o lavarse después de cambiar pañales). Si hay que usar el mismo fregadero para propósitos distintos, se debe desinfectar antes de usarlo con alimentos.

1.4. A los bebés y niños muy pequeños que pueden sentarse solos y sostener el biberón se les puede permitir que se alimenten solos.

3.1. Las necesidades calóricas varían mucho de un niño a otro. Puesto que una merienda puede convertirse en una comida y luego la comida prevista no se come, las meriendas y las comidas deben ser alimentos nutritivos. Se debe ofrecer agua para beber entre comidas a los niños que consumen alimentos sólidos.

5.1. El número de niños en grupos pequeños depende de la edad y las habilidades de los niños. Los bebés pequeños se deben alimentar por separado. En el caso de los bebés mayores, los grupos pequeños no deben ser de más de 2 ó 3 niños. En el caso de los niños pequeños y de 2 años de edad, los grupos pequeños no deben ser de más de 6 niños. Para determinar si el grupo es apropiadamente pequeño, vea si el tamaño del grupo permite la interacción positiva y el apoyo que los niños recibirían en un buen ambiente. Sin embargo, no confunda los efectos del tamaño del grupo con otros problemas que pueden afectar la satisfacción de las necesidades de los niños, tales como características del personal o número de miembros del personal presentes. Nunca se debe alimentar a los bebés y niños pequeños en sitios tales como un comedor, al cual numerosos grupos de niños vienen a comer.

5.5. Dé una calificación NA si los padres proporcionan todo el alimento para sus niños.

Preguntas

1.2, 3.2. ¿Qué hace usted si los padres no proporcionan suficiente alimento para sus niños o si el alimento que proporcionan no satisface las necesidades de los niños?

1.5, 3.5. ¿Qué hace usted si los niños tienen alergias alimenticias?

7.2. ¿Tiene oportunidad de hablar con los padres acerca de la nutrición de su niño? *Si la respuesta es afirmativa, pregunte:* ¿De qué tipo de problemas hablan?

Inadecuado		Mínimo		Bueno		Excelente
1	2	3	4	5	6	7

8. Siesta*

1.1 Las condiciones para la siesta no son apropiadas (p. ej., la siesta es demasiado tarde o demasiado temprano; el área para dormir está atestada; hay ruidos fuertes, luces fuertes u otros niños que perturban a los niños dormidos; a los bebés pequeños se les hace dormir sobre el estómago; se usan almohadas blandas con los bebés; se cubre la cabeza de los bebés).*

1.2 Hay poca o ninguna supervisión (p. ej., no se mira con regularidad a los niños mientras están dormidos).

1.3 Los niños quedan solos en las cunas (colchonetas, camas infantiles, etc.) de manera inapropiada (p. ej., por más de 15 minutos mientras están despiertos y contentos o más de 2 ó 3 minutos cuando están descontentos; las cunas se usan para las suspensiones disciplinarias).

3.1 La siesta está bien programada para todos los niños.

3.2 Las condiciones para la siesta son sanitarias (p. ej., las cunas, colchonetas y camas infantiles están a 36 plg. una de otra a menos que estén separadas por barreras sólidas; hay ropa de cama limpia para cada niño).*

3.3 Hay suficiente supervisión para los niños durante la siesta.*

3.4 Las cunas (o las colchonetas o camas infantiles) son para dormir y no para jugar durante largos períodos de tiempo.

5.1 La siesta es personalizada (p. ej., la cuna o colchoneta se pone siempre en el mismo lugar; se llevan a cabo prácticas familiares; los niños pequeños tienen su manta especial o su muñeco de peluche).

5.2 Se hacen transiciones sin altibajos para los niños pequeños (p. ej., hay un lugar silencioso para que los niños pequeños comiencen la siesta antes de la hora).
NA permitida.

5.3 La supervisión es agradable, atenta y calurosa.*

7.1 Se ayuda a los niños a relajarse (p. ej., hay música suave, se calma al niño dándole palmaditas en la espalda).

7.2 Hay actividades para los niños que no duermen (p. ej., los niños que se despiertan antes que los demás y los que no duermen siesta hacen actividades silenciosas; los bebés son retirados de las cunas para que jueguen).

(Vea las Notas aclaratorias y las Preguntas en la página siguiente)

Ítem 8. Todos los programas, sin importar lo largos o cortos que sean, deben tener previsiones para que los bebés, niños pequeños y de 2 años de edad duerman la siesta si están cansados. Sin embargo, en programas de menos de cuatro (4) horas de duración, en los cuales la siesta no es parte habitual del día y los niños no parecen cansados, este ítem se puede marcar NA.

1.1, 3.2. Para dar una calificación positiva por previsiones apropiadas y saludables, no debe haber niños durmiendo en hamacas, asientos para bebé, etc., en lugar de cunas dado que por lo general estos muebles no se asignan a un solo niño (condiciones de salubridad) ni están bien protegidos contra la actividad de otros niños (seguridad). Sin embargo en un caso especial, es posible que un bebé no duerma bien en una cuna y puede ser beneficioso dejar que duerma en otro sitio. Si esto ocurre, asegúrese de que el niño está seguro y protegido de los niños activos y que se cumple con los requisitos de salubridad. Asegúrese de preguntar a la o el maestra(o) si hay una razón especial para no colocar al niño en una cuna para dormir la siesta.

En el ejemplo para el indicador 1.1, "atestada" significa que los niños se colocan de manera que hay menos de 36 pulgadas de separación con respecto a otro niño que está descansando. Esta distancia es necesaria para controlar las infecciones transportadas por el aire y garantizar que los miembros del personal no tengan dificultades para alcanzar los niños debido a que las cunas, camas infantiles o colchonetas están colocadas muy cerca una de otra. Un espaciado más apretado es aceptable si los niños contiguos usan equipo de descanso separado por una barrera sólida.

Se debe colocar a los bebés de espaldas para que duerman, pero dejar que luego asuman solos sus posiciones preferidas para dormir. Se necesita una nota del médico para exonerarlos de esta práctica.

3.3. "Supervisión suficiente" significa que hay suficiente personal presente para dar seguridad a los niños, proteger su salud y supervisar a los que están despiertos. El personal está alerta y supervisa visualmente a los niños.

5.3. Si no observa la siesta, juzgue la calidad de la supervisión principalmente en función de lo visto durante toda la observación. Tenga en cuenta además la información proporcionada por el personal sobre la supervisión de la siesta, especialmente si no se vio al personal que supervisa la siesta durante la observación.

Si no observa la siesta, pregunte: Puesto que no estaba aquí para ver la hora de la siesta ¿cómo se hace la siesta? *Luego se pueden hacer preguntas más específicas:*

1.1. ¿Dónde duermen los niños? ¿Cómo están dispuestas las camas infantiles y/o las colchonetas?

1.2. ¿Quién supervisa la hora de la siesta? ¿Cómo se hace la supervisión?

5.2. ¿Qué hace usted si un niño está cansado antes de la hora de la siesta?

7.2. ¿Qué hace usted si un niño se despierta antes de que termine la siesta?

Inadecuado		Mínimo		Bueno		Excelente
1	2	3	4	5	6	7

9. Cambio de pañales y uso del baño

1.1 No se mantienen las condiciones sanitarias en el área (p. ej., las bacinillas no se desinfectan; los pañales no se desechan apropiadamente; la superficie para cambiar pañales no se desinfecta después de usarla; no se baja la cadena de los inodoros).*

1.2 Hay grandes problemas con la satisfacción de las necesidades de cambio de pañales y de uso del baño (p. ej., rara vez se cambian los pañales; se fuerza a los niños a sentarse en el inodoro por largos períodos de tiempo; hay falta de suministros tales como toallas de papel, agua corriente, jabón o solución desinfectante).

1.3 Muchas veces el personal o los niños se olvidan de lavarse los manos después de ir al baño o cambiar pañales.*

1.4 La supervisión de los niños es inadecuada o desagradable.*

3.1 Las condiciones sanitarias se mantienen por lo menos la mitad de las veces (p. ej., si se usa, el fregadero se desinfecta entre las funciones de cambio de pañales y uso del baño y la función de alimentación; las bacinillas se vacían después de cada uso y se desinfectan en un fregadero aparte que se usa exclusivamente para eso).*

3.2 Las necesidades de cambio de pañales y uso del baño por lo general se satisfacen de manera apropiada (p. ej., hay horarios individualizados que incluyen verificación del pañal por lo menos cada dos horas; hay suministros fácilmente accesibles).*

3.3 El personal y los niños por lo general se lavan los manos después de cambiar pañales o ir al baño.*

3.4 La supervisión de los niños es adecuada para sus edades y habilidades.

5.1 Las condiciones sanitarias se mantienen en general con sólo algunas excepciones.*

5.2 Las condiciones sanitarias son fáciles de mantener (p. ej., no se usan bacinillas; hay agua corriente tibia cerca de la mesa para cambiar pañales y el baño; las superficies son fáciles de limpiar).

5.3 Las estructuras confieren conveniencia y acceso (p. ej., hay escalones cerca del lavamanos o del inodoro; hay una barandilla para niños con discapacidades físicas; el baño queda contiguo a la sala; los materiales para el cambio de pañales son fáciles de alcanzar junto a la mesa para cambiar pañales, que es cómoda para el personal).*

5.4 La interacción entre el personal y los niños es agradable.

7.1 Las condiciones sanitarias se mantienen siempre.*

7.2 Hay inodoros y lavamanos de tamaño adecuado para los niños. *NA permitida.*

7.3 Se promueve la autosuficiencia tan pronto como los niños estén listos.

(Vea las Notas aclaratorias en la página siguiente)

1.1, 3.1, 5.1, 7.1. El propósito de mantener condiciones higiénicas es evitar la propagación de gérmenes de la orina o el excremento a las manos del personal, a las de los niños, a las superficies para cambiar pañales, a los recipientes de suministros, a las puertas de los armarios o a cualquier otra superficie que los niños y el personal puedan tocar. El uso de guantes para cambiar pañales es opcional, pero útil. Se debe hacer diariamente una solución fresca de agua de lejía con una cucharada de lejía en un cuarto de galón de agua (o ¼ de taza de lejía en un galón de agua) o se debe usar un desinfectante certificado por la EPA de acuerdo con las instrucciones del fabricante.

Las siguientes medidas son esenciales para reducir la propagación de enfermedades gastrointestinales y se deben tener en cuenta al calificar este ítem:

- Separación física del área para cambiar pañales del área para preparar alimentos, incluyendo fregaderos separados para cada área. Si hay que usar el mismo fregadero para actividades fuera de cambiar pañales y/o ir al baño, las llaves de agua y el fregadero se deben desinfectar con una solución de lejía y agua después de cambiar pañales y/o ir al baño.
- El personal debe estar preparado para el cambio de pañal antes de llevar al niño al área de cambio de pañales y tener listo lo siguiente:
  — papel en la mesa para cambiar pañales (si se usa) para cubrir la mesa desde los hombros hasta los talones del niño (en caso de que se ensucie y deba doblarse para tener una superficie limpia durante el cambio)
  — suficientes toallitas para el cambio de pañal (incluyendo toallitas para limpiar el trasero del niño y las manos del adulto después de retirar el pañal sucio de la piel del niño)
  — pañal limpio, bolsa de plástico para ropa sucia y ropa limpia si se espera que la ropa se ensucie
  — guantes no porosos (si se van a usar)
  — un poquito de crema para pañales sobre un pedazo de papel o pañuelo de papel desechable (si se usa)
  — se deben sacar de sus recipientes todos los suministros antes de comenzar el cambio de pañales.
- La superficie en que se cambian pañales se debe desinfectar después de cada cambio de pañal (debe ser posible desinfectar todas las superficies; es decir, las superficies no deben tener ni almohadillas acolchadas ni correas de seguridad y no se deben guardar recipientes sobre la superficie para cambiar pañales). La solución desinfectante se debe dejar secar al aire durante 2 minutos como mínimo.

- Los pañales se deben desechar en un recipiente tapado con tapa a pedal (pisar el pedal levanta la tapa) para evitar mayor contaminación de las superficies.
- Los juguetes con que jueguen o los objetos que toquen los niños durante el cambio de pañales se deben apartar para desinfectarlos.

1.3, 3.3. El lavado de las manos de bebés, niños pequeños y personal requiere que las manos se laven con jabón líquido y agua corriente durante por lo menos 10 segundos.

- Es necesario lavar bien las manos de los niños con jabón líquido y agua tibia después de completar cada cambio de pañal. No se puede reemplazar el lavado de las manos con el uso de toallitas o pañitos de limpieza antisépticos sin agua, porque esto no elimina efectivamente los gérmenes. Para evitar lesionar a un niño en circunstancias muy inusuales (p. ej., un bebé recién nacido sin control de la cabeza o un bebé muy pesado con poco control del cuerpo) es aceptable usar una toallita desechable como sustituto.
- Es necesario usar una toallita para las manos del niño y del proveedor de cuidados después de colocar el pañal sucio, las toallitas y los guantes (si se usan) en el recipiente con tapa a pedal.
- Es necesario que los adultos se laven bien las manos con agua tibia y jabón después de cada revisión de pañal y después de cada cambio de pañal como último paso luego de desinfectar la superficie para cambiar pañales. Esto se debe hacer antes de tocar cualquier otra superficie en la sala. Este proceso por lo general se completa después de rociar la superficie para cambiar pañales con una solución desinfectante. Si se deja secar la superficie durante 2 minutos o más y luego se seca con un paño, no es necesario lavarse las manos *una segunda vez*.

1.4. "Supervisión inadecuada" significa que el personal no supervisa para garantizar la seguridad de los niños o que se cumplan los procedimientos de salubridad (p. ej., lavado de las manos).

3.2, 3.3, 5.1. "Por lo general" significa que los procedimientos se cumplen un 75 por ciento de las veces durante la observación y que no se observan mayores problemas. En otras palabras, hay relativamente pocos descuidos en la práctica, como por ejemplo no lavar las manos de un niño u olvidar desinfectar la superficie para cambiar pañales una vez.

5.3. Una mesa para cambiar pañales cómoda evita que el personal se lesione la espalda o que tenga que hacer movimientos incómodos; por ejemplo, una mesa de unas 28 ó 32 pulgadas de alto, con peldaños para que los niños pequeños suban es una mesa cómoda.

Inadecuado		Mínimo		Bueno		Excelente
1	2	3	4	5	6	7

10. Prácticas de salud*

1.1 Por lo general, el personal no actúa para reducir la propagación de los gérmenes (p. ej., en general se descuida el lavado de manos; los juguetes y el mobiliario están sucios; hay evidencia de contaminación animal en las áreas de juego al aire libre; rara vez se les limpia la nariz a los niños; los niños comparten chupetes; las salivaciones no se limpian y desinfectan correctamente).

1.2 Se permite fumar en áreas donde se cuida a niños, adentro o afuera.

1.3 Los niños con enfermedades contagiosas no son separados de los niños sanos (p. ej., los niños con diarrea no se excluyen del grupo).*

3.1 Por lo general, el personal actúa para reducir la propagación de los gérmenes (p. ej., los juguetes que los niños se han llevado a la boca se lavan diariamente; se usa una toalla o pañito de lavado diferente para cada niño; los cepillos de dientes se guardan para evitar la contaminación; se usan pañitos faciales para limpiar la nariz cuando se necesario y luego se desechan correctamente; no hay contaminación obvia del arena del foso al aire libre; no se comparten los artículos personales tales como peines y cepillos).*

3.2 El personal y los niños se lavan las manos adecuadamente el 75% de las veces cuando es necesario para proteger la salud.*

3.3 Hay ropa adicional para cambiar de ropa a los niños cuando es necesario.

3.4 Todos los medicamentos se administran correctamente.* *NA permitida.*

5.1 Los niños son atendidos adecuadamente para satisfacer las necesidades de salud adentro y afuera (p. ej., van vestidos apropiadamente; se les cambia la ropa sucia o mojada; tienen crema de protección contra el sol cuando estén al aire libre, delantal cuando vayan a ensuciarse jugando y babero si salivan).*

5.2 Las manos de los niños y del personal se lavan regularmente para proteger la salud.

5.3 El personal sirve como buen modelo de las prácticas de salud (p. ej., sólo comen comidas saludables delante de los niños; van vestidos como corresponde al estado del tiempo; tienen las uñas limpias).

5.4 La arena que se usa en el foso de juego al aire libre está limpia y se cubre cuando no se usa. *NA permitida.*

7.1 Se anima a los niños a que administren sus prácticas de salud de manera personal (p. ej., el personal habla a los niños sobre prácticas de salud que están llevando a cabo; se les enseñan las técnicas para lavarse las manos correctamente; se les enseña a ponerse su propio abrigo; se usan libros, imágenes y canciones relacionados con la salud).

7.2 Los cepillos de dientes individuales para los niños pequeños se usan por lo menos una vez al día durante los programas que duran el día entero.* *NA permitida.*

7.3 La información sobre salud publicada por organizaciones de salud reconocidas está a disposición de los padres (p. ej., folletos de la USDA sobre nutrición, folletos de la Academia Americana de Pediatría sobre enfermedades infantiles, etc.).

(Vea las Notas aclaratorias y las Preguntas en la página siguiente)

Ítem 10. Las prácticas de salud relacionadas con el cambio de pañales y el uso del baño, con las horas de comidas y meriendas y con las siestas se tratan en los ítems 7, 8 y 9. Por lo tanto, no las tenga en cuenta al calificar este ítem.

1.3. Las siguientes son razones válidas para excluir al niño: (1) fiebre con un cambio de comportamiento que indique que el niño no puede participar en el programa; (2) el niño necesita más cuidado del que el proveedor de cuidados puede proporcionar razonablemente y seguir siendo capaz de cuidar de los otros niños; (3) el niño tiene una afección, tal como diarrea, que requiere su exclusión para proteger a los demás niños contra la exposición a una enfermedad infecciosa contagiosa. Los resfriados comunes son más contagiosos antes de que los síntomas aparezcan y durante la fase inicial de la enfermedad en que se producen flujos nasales acuosos. El moco nasal verde y amarillo no es señal de enfermedad infecciosa contagiosa.

3.1. "Por lo general" significa que no hay mayores problemas con los procedimientos de salubridad, sólo un descuido esporádico, tal como no limpiar rápidamente la nariz de un niño o no desechar correctamente un pañuelo de papel usado.

3.2. Vea la definición de lavado de las manos en la página 7. Este porcentaje se debe calcular por separado para el personal y para los niños. En este ítem, los ejemplos de cuando es necesario que los adultos y niños se laven las manos son:

- después de la llegada o cuando se cambia un niño de un grupo a otro
- cuando se juega en agua usada por más de una persona
- después de limpiar narices, manipular o tocar líquidos corporales tales como moco, sangre, vómito, saliva
- después de jugar en el foso de arena
- después de limpiar o manipular basura
- después de tocar o jugar con mascotas u otros animales
- cuando se administran medicamentos (adultos)
- después de aplicar loción para el sol a cada niño
- después de juegos en que los niños se ensucien

3.4. El personal sólo puede dar medicamentos recetados por un médico a niños en particular. El personal da los medicamentos sólo del envase original con instrucciones de un médico. Califique NA si no hay niños que requieran medicamentos recetados por un médico.

5.1. Los niños se deben vestir de manera que no sientan ni frío ni calor (p. ej., no usar sudaderas afuera cuando hace calor, cambiar la ropa mojada en días fríos); los niños deben tener sombra en el área de juego y protegerse del sol con lociones para el sol, sombreros y ropa de protección contra el sol cuando estén afuera entre las 10 a.m. y las 2 p.m. en días nublados o soleados.

7.2. Califique NA en los programas abiertos seis (6) horas o menos por día y si no hay niños pequeños inscritos. Si se usa pasta dental, se pone una cantidad del tamaño de un guisante en el cepillo de cada niño tomada de una porción que se ha echado con el tubo en un papel desechable para que la pasta de un niño no se contamine con el cepillo de otro.

Preguntas

1.2. ¿Se permite fumar en las áreas de atención infantil, ya sea en el interior o al aire libre?

3.3. ¿Hay más ropa para los niños, en caso de que la necesiten?

7.3. ¿Pone usted a disposición de los padres toda información relacionada con la salud? *Si la respuesta es afirmativa, pregunte:* ¿Puede darme algunos ejemplos?

Inadecuado		Mínimo		Bueno		Excelente
1	2	3	4	5	6	7

11. Prácticas de seguridad

1.1 Cuatro o más peligros adentro que podrían causar lesiones graves.*

1.2 Cuatro o más peligros afuera que podrían causar lesiones graves.*

1.3 Supervisión inadecuada para proteger a los niños dentro y fuera de la sala de clases (p. ej., hay muy poco personal; el personal está ocupado con otros quehaceres; no hay supervisión cerca de las áreas de peligro potencial; no hay procedimientos de registro a la llegada y a la hora de irse).

3.1 No más de 3 peligros en total que podrían causar lesiones graves dentro o fuera de la sala de clases.*

3.2 Supervisión adecuada para proteger a los niños adentro y afuera.

3.3 Se cuenta con lo esencial para responder a las emergencias (p. ej., un teléfono con los números de emergencia, botiquín de primeros auxilios fácil de alcanzar, procedimientos de emergencia escritos y visibles; hay por lo menos un miembro del personal en todo momento capacitado en primeros auxilios pediátricos tales como el tratamiento de las vías respiratorias bloqueadas y la respiración de rescate).

5.1 No hay peligros que podrían causar lesiones graves ni dentro ni fuera de la sala de clases.

5.2 El personal por lo general anticipa y toma medidas para prevenir problemas de seguridad (p. ej., quitan juguetes de debajo del equipo de escalar; clausuran las áreas peligrosas para que los niños no entren; limpian los derrames para evitar las caídas; evitan usar objetos que se pueden romper cuando están con los niños).

7.1 El personal ayuda a los niños a seguir las reglas de seguridad (p. ej., el personal evita que los niños se amontonen en el resbalador; los niños no pueden subirse al mobiliario sin la intervención del personal).

7.2 El personal les explica a los niños las razones en que se basan las reglas de seguridad (p. ej., "hay que ser amistoso con los compañeros, morder duele"; "ten cuidado, está caliente").

(Vea las Notas aclaratorias y las Preguntas en la página siguiente)

Notas aclaratorias

1.1, 1.2, 3.1. Asegúrese de anotar todos los problemas de seguridad en la Hoja de calificación. No se espera que la lista de peligros mayores que se presenta a continuación sea completa.

Problemas de seguridad dentro de la sala de clases:

- Los tomacorrientes no tienen tapas de seguridad; los niños tienen acceso a los cordones eléctricos
- Los niños tienen acceso a cordones e hilos
- Hay objetos o muebles pesados que los niños pueden hacer caer
- Las medicinas, los materiales de limpieza, los pesticidas y otras substancias marcadas "mantenga fuera del alcance de los niños" no están bajo llave
- Se usa solución blanqueadora en situaciones en que los niños pueden inhalar los vapores (p. ej., cuando los niños están sentados a la mesa)
- Hay andadores que los niños pueden mover por el piso y se usan asientos rellenos para los bebés
- El agua y las superficies que los niños pueden tocar están muy calientes (p. ej., es demasiado caliente si un adulto lo encuentra demasiado caliente después de tocarlo durante 30 segundos o si tiene una temperatura de más de 120°F medidos con un termómetro de cocina para carne)
- Se usan chinchetas o grapas en lugares que los niños pueden alcanzar
- Las tablillas laterales o las rejas de las cunas o de los corrales permiten que los niños se atasquen (p. ej., tablillas con menos de $2\frac{3}{8}$ de plg. de separación; corral con rejas abatibles)
- Hay riesgos de tropiezo tales como camas infantiles o alfombras que tienen bordes en los que se puede tropezar o que se deslizan sobre el suelo
- Se usan radiadores o calefactores sin protección
- Hay escaleras abiertas accesibles (p. ej., las que tienen barandas en las cuales los niños pueden trepar o lugares a través de los cuales los niños podrían pasar)
- Hay al alcance de los niños objetos pequeños con que se pueden atorar (objetos de menos de ¼ de plg. de diámetro y 2½ pulgadas de largo o esferas de menos de 1¾ de plg. de diámetro)
- La mesa para cambiar pañales no tiene un borde de 6 plg. de alto como protección contra caídas
- El colchón de la cuna no se ajusta completamente a los bordes (es decir, se pueden insertar dos o más dedos entre el colchón y el lado de la cuna)
- Hay juguetes colgados sobre cunas en que hay niños que se pueden sentar por sí solos o las cuerdas de que cuelgan los juguetes pueden enredarse en los pies o las manos del niño o hacer que se ahorque
- Los niños se hacen dormir boca abajo o de lado en lugar de hacerlos dormir de espaldas
- El personal levanta a los bebés o niños pequeños por un brazo o por una mano con lo cual se corre el riesgo de lesionarles las articulaciones

1.1, 1.2, 3.1 (cont.)

- Hay cunas cuyos lados son difíciles de levantar o bajar para los adultos y la distancia entre el borde superior del lado y la superficie superior del colchón es menos de 20 pulgadas
- Los niños pueden alcanzar objetos de espuma de estireno, bolsas plásticas o globos de látex (goma)
- Los niños pueden alcanzar sin supervisión recipientes con agua (es decir, inodoros, baldes de 5 galones, piscinas para vadear o fuentes con agua)
- Cómo los bebés grandes se pueden agarrar de lo que sea para levantarse, todo el mobiliario que esté a su alcance debe ser capaz de resistir esto sin caerse, voltearse o desplomarse. Si en la sala de los niños hay columpios y sillas mecedoras, deben colocarse de manera que los niños tengan menos posibilidades de agarrarse de ellos que del mobiliario más estable. Si están ubicados de manera que los niños los usan con frecuencia para agarrarse para levantarse, deben contarse como peligros

Problemas de seguridad fuera de la sala de clases:

- El área de juegos no está rodeada de una barrera que evite que los niños salgan del área considerada como segura
- Los niños tienen acceso a herramientas que no son para ellos
- No todas las sustancias peligrosas (marcadas "mantenga fuera del alcance de los niños") están bajo llave
- Hay objetos afilados o peligrosos
- Los niños tienen acceso a escaleras o caminos peligrosos
- Los niños pueden salir a la calle por su cuenta
- Los niños tienen acceso a basura peligrosa
- El equipo de juego está muy alto (más de un pie por año de edad sobre la superficie de caída), no está bien mantenido y no es estable. El equipo de juego contiene peligros de atascamiento de la cabeza si tiene aberturas entre 3½ y 9 pulgadas de ancho y peligros de atascamiento de los dedos si tiene aberturas entre $\frac{3}{8}$ de pulgadas y 1 pulgada de ancho. Los ángulos decrecientes, las protuberancias o las áreas de caída sin suficiente acolchado también constituyen peligros

Preguntas

3.3. ¿Qué previsiones hay para enfrentar las situaciones de emergencia?

Pueden necesitarse más preguntas de seguimiento específicas, tales como:

¿Cómo enfrentaría usted una emergencia?

¿Hay alguna persona en el personal que tenga capacitación en primeros auxilios para bebés y niños pequeños, tales como el tratamiento de las vías respiratorias tapadas (en caso de que el niño esté atorado) y respiración de rescate?

¿Hay botiquín de primeros auxilios? ¿Me lo puede mostrar?

¿Hay un teléfono que usted usaría para pedir auxilio en caso de emergencia?

| Inadecuado | | Mínimo | | Bueno | | Excelente |
| 1 | 2 | 3 | 4 | 5 | 6 | 7 |

ESCUCHAR Y HABLAR

12. Ayudar a los niños a entender el lenguaje*

1.1 Poca o ninguna conversación con los bebés y niños pequeños (p. ej., los miembros del personal en su mayoría sólo hablan entre ellos y rara vez con los niños).

1.2 El ruido constante interfiere con la capacidad de los niños para oír el lenguaje (p. ej., música muy fuerte durante la mayor parte del día; mucho llanto durante todo el día; materiales amortiguadores de sonido inadecuados en la sala).

1.3 El personal habla con los niños de manera desagradable (p. ej., tono de voz duro; amenazas frecuentes; declaraciones negativas).

3.1 Medida moderada de conversación con los niños durante el día (p. ej., "Vamos a cambiarte el pañal"; "Mira rodar la pelota.").

3.2 La sala está razonablemente silenciosa de manera que los niños pueden oír el lenguaje.

3.3 El personal por lo general habla con los niños en un tono de voz neutro o agradable.

3.4 El contenido de la conversación es generalmente alentador y positivo más que desalentador y negativo.

5.1 El personal habla con los niños frecuentemente a lo largo del día durante las rutinas y los juegos.*

5.2 La conversación del personal tiene sentido para los niños (p. ej., hablan acerca de cosas que los niños sienten o hacen; usan oraciones sencillas que los niños pueden entender; usan gestos para añadir significado a las palabras).

5.3 La comunicación verbal es personalizada (p. ej., se mira a los niños a los ojos; se llama a los niños por su nombre; se les habla en su idioma primario; se usan señales u otro tipo de comunicación cuando es necesario).

5.4 El personal por lo general usa palabras sencillas y descriptivas para los objetos y acciones cuando se comunica con los niños (p. ej., "Tráeme el camión rojo, por favor"; "¡Estás de pie!").*

7.1 El personal usa una amplia variedad de palabras sencillas y exactas para comunicarse con los niños (p. ej., nombra muchos objetos y acciones distintas; usa palabras descriptivas).

7.2 El personal participa en el juego verbal con los niños (p. ej., repite los sonidos del bebé; rima las palabras de manera juguetona).

7.3 El personal habla acerca de muchos temas distintos con los niños (p. ej., habla acerca de los sentimientos; expresa las intenciones del niño con palabras además de nombrar objetos y acciones).

Notas aclaratorias

Ítem 12. Aun cuando los indicadores de calidad de este ítem son válidos para diversas culturas y personas, las maneras en que se expresan pueden diferir. Por ejemplo, el tono de voz puede variar de las personas con voces animadas a aquellas que tienen voces más suaves. Cualquiera que sea el estilo de comunicación de los miembros del personal observado, se debe cumplir con los requisitos de los indicadores, aunque varíe un poco la manera en que esto se hace.

Ítem 12. (continuación) Debido a que la frecuencia de las interacciones de lenguaje es muy importante para influenciar el desarrollo de las aptitudes lingüísticas de los niños, califique los indicadores en base a lo que ve como práctica habitual durante la observación. Los ejemplos que cumplan con los requisitos deben darse a todo lo largo de la observación y no ser sólo casos aislados.

5.1. Aunque la cantidad de conversación de los distintos miembros del personal puede variar, *todo* el personal debe usar un tono de voz neutro o agradable.

5.4. Para determinar si el lenguaje es descriptivo, pregúntese si usted entiende el tema que el personal habla con los niños con sólo escuchar y sin mirar.

Inadecuado		Mínimo		Bueno		Excelente
1	2	3	4	5	6	7

13. Ayudar a los niños a utilizar el lenguaje

1.1 Hay poca o ninguna respuesta positiva a los intentos de los niños de comunicarse por medio de gestos sonidos o palabras.

1.2 El personal a menudo ignora los intentos de comunicación de los niños o responde negativamente.

3.1 Hay una medida moderada de respuesta positiva verbal y no verbal a los intentos de los niños de comunicarse durante el día; se ignora o se dan respuestas negativas a los niños en poca o ninguna medida.

3.2 Hay algunos intentos de interpretar correctamente lo que los niños están intentando comunicar durante el día (p. ej., el personal intenta usar otra manera de calmar a un niño que está llorando si la primera solución no funciona; el personal hace esfuerzos para entender las palabras poco claras de los niños pequeños).

5.1 El personal en general responde de manera oportuna y positiva a los intentos de comunicación de los niños (p. ej., se atiende rápidamente al niño que llora; se atienden las solicitudes verbales de los niños; se responde con interés a las comunicaciones de los niños durante el juego).*

5.2 El personal agrega palabras a las acciones que llevan a cabo al responder a los niños durante el día (p. ej., "Estoy cambiándote el pañal. Ahora estás bien seco. Te sientes bien ¿no?").

5.3 El personal es hábil en cuanto a interpretar los intentos de comunicación de los niños y hace seguimiento apropiadamente (p. ej., "Sé que tienes hambre; vamos a comer algo." "¿Estás cansado de jugar con esos bloques? Mira estos libros. ¿No? Ah, quieres que te tome en brazos.").

7.1 El personal tiene muchas conversaciones bidireccionales con los niños (p. ej., imitan alternativamente los sonidos de los bebés para hacer una "conversación de bebé"; repiten lo que el niño pequeño dice y luego deja que el niño pequeño diga algo).

7.2 El personal agrega palabras e ideas a las ideas de los niños (p. ej., cuando el niño dice "jugo" el personal dice "Aquí tienes el jugo de naranja. Está en tu vaso.").*
NA permitida

7.3 El personal les hace preguntas simples a los niños (p. ej., hace una pregunta al bebé y luego da la respuesta: "¿Qué hay en esta foto? Un perro con un hueso."; el personal espera que los niños pequeños contesten antes de dar la respuesta).

7.4 El personal por lo general mantiene un buen equilibrio entre escuchar y hablar (p. ej., el personal le da al niño el tiempo necesario para que procese la información y responda; el personal habla más a los bebés que a los niños pequeños y le da más tiempo para que hablen a los niños pequeños que a los bebés).

Notas aclaratorias

5.1. Vea si el personal presta atención de cerca y responde a todos los niños del grupo, incluso a aquellos que exigen menos atención que los otros.

7.2. NA permitida cuando no hay niños que hablen.

Inadecuado		Mínimo		Bueno		Excelente
1	2	3	4	5	6	7

14. Uso de libros

1.1 Menos de seis (6) libros apropiados para bebés y/o niños pequeños accesibles diariamente durante gran parte del día.*

1.2 Libros generalmente en mal estado (p. ej., libros rotos o incompletos; imágenes rasgadas; libros con garabatos).

1.3 Los miembros del personal no les leen libros a los niños.

3.1 Como mínimo seis (6) libros apropiados para bebés y/o niños pequeños (pero no menos de uno (1) para cada niño en el grupo) accesibles diariamente, durante gran parte del día.*

3.2 Casi todos los libros están en buen estado.*

3.3 Los miembros del personal les leen libros a los niños diariamente (actividad iniciada por el personal o por los niños).

3.4 Se estimula la participación sólo mientras los niños están interesados; no se les obliga a participar.

5.1 Como mínimo doce (12) libros apropiados para bebés y/o niños pequeños (pero no menos de dos (2) para cada niño en el grupo) accesibles diariamente, durante gran parte del día.*

5.2 Hay una gran selección de libros accesibles.*

5.3 El personal lee libros diariamente a niños solos o a grupos pequeños de niños interesados.*

5.4 Las horas de lectura son cordiales e interactivas (p. ej., sostener al bebé mientras se lee el libro; dejar que el niño pequeño voltee las páginas y señale las imágenes).*

7.1 El área de lectura está arreglada para que los niños pequeños la usen solos.
NA permitida.

7.2 El personal usa libros con los niños periódicamente durante el día.

7.3 Se hacen agregaciones o cambios al conjunto de libros para mantener el interés.

Notas aclaratorias

1.1, 3.1, 5.1. Los siguientes son ejemplos de libros apropiados: libros resistentes de vinilo, tela o páginas duras con imágenes adecuadas para bebés y niños pequeños. Los libros pueden ser hechos en casa o producidos comercialmente. Los libros para niños mayores o para adultos no cuentan para este ítem.

3.1. Cuente sólo los libros completos con sus tapas y todas las páginas para dar una calificación positiva en el indicador. Los libros no apropiados para los niños del grupo (p. ej., demasiado difíciles, demasiado fáciles, aterradores o violentos) no pueden contarse entre los seis (6) libros exigidos.

3.2. "En buen estado" significa que el libro tiene las tapas intactas, no le faltan páginas y las páginas no están rasgadas o garabateadas. Los problemas menores, tales como pequeños rasgones, algunos garabatos, marcas de mordidas, etc., que no interfieren con el uso son aceptables.

5.1. Para dar una calificación positiva, ningún libro puede ser violento ni aterrador.

5.2. Para que se considere que la selección es amplia, debe contener libros acerca de animales; objetos familiares; rutinas conocidas y personas de diversas razas, edades y destrezas.

5.3. Se debe observar por lo menos un (1) caso para dar una calificación positiva en este indicador.

5.4. Esto se debe observar para dar una calificación positiva.

Preguntas

7.3. ¿Se hacen agregaciones o cambios al conjunto de libros que está a disposición de los niños? *Si la respuesta es afirmativa, pregunte:* ¿Con qué frecuencia lo hacen? ¿Qué tipo de libros se agregan?

Inadecuado		Mínimo		Bueno		Excelente
1	2	3	4	5	6	7

ACTIVIDADES

15. Motricidad fina

1.1 Los niños no tienen acceso a materiales de motricidad fina para uso diario.*

1.2 Los materiales de motricidad fina están generalmente en mal estado.

3.1 Los niños tienen acceso a algunos materiales de motricidad fina para uso diario.*

3.2 Los materiales son accesibles gran parte del día.

3.3 Los materiales están en general en buen estado.

5.1 Los niños tienen acceso a numerosos y variados materiales de motricidad fina la mayor parte del día.*

5.2 Los materiales están bien organizados (p. ej., los juguetes similares están juntos; los conjuntos de juguetes se guardan en recipientes separados; los juguetes se recogen, se clasifican y se guardan según sea necesario).

7.1 Los materiales se alternan para que haya variedad.

7.2 Los niños tienen acceso a materiales de diferentes niveles de dificultad (p. ej., algunos son fáciles y algunos son difíciles para los niños del grupo, considerando a los niños discapacitados).

Notas aclaratorias

1.1, 3.1, 5.1. Los siguientes son ejemplos de materiales de motricidad fina apropiados:

- Bebés: Juguetes para agarrar, "busy boxes", vasos unos dentro de otros, recipientes para llenar y vaciar, juguetes texturizados, gimnasios de cuna.
- Niños pequeños: Juegos para clasificar formas, cuentas grandes para hacer collares, clavijas grandes con tableros de clavijas, rompecabezas simples, "pop beads", anillos para apilar, juguetes para meter unos dentro de otros, bloques enclavados tamaño mediano o grande, creyones.

5.1. "Numerosos" significa que hay suficientes materiales para que los niños los usen sin competencia excesiva.

"Variados" significa que los materiales requieren diferentes destrezas (tales como agarrar, agitar, voltear, empujar, jalar, meter el dedo, armar, usar el pulgar y el índice, garabatear). Debe haber materiales en una variedad de colores, tamaños, formas, texturas, sonidos y acciones.

Preguntas

7.1. ¿Tienen materiales adicionales de motricidad fina? *Si la respuesta es afirmativa, pregunte:* ¿Podría mostrármelos?"

Inadecuado		Mínimo		Bueno		Excelente
1	2	3	4	5	6	7

16. Juego físico activo*

1.1 No hay espacio apropiado al aire libre o adentro dedicado con regularidad al juego físico activo.*

1.2 El equipo y los materiales no son apropiados.*

1.3 El equipo y los materiales generalmente están en mal estado.

3.1 Hay espacio abierto adentro para el juego físico activo durante gran parte del día (p. ej., los bebés pequeños pueden moverse libremente sobre una alfombra; los niños pueden gatear y caminar).

3.2 Los bebés y los niños pequeños usan una cierta medida de espacio para el juego físico al aire libre como mínimo tres (3) veces a la semana, durante todo el año, excepto cuando hace muy mal tiempo.*

3.3 Algunos materiales y equipo apropiados se usan diariamente; los materiales y el equipo generalmente están en buen estado.*

5.1 Hay un área al aire libre de fácil acceso donde los bebés y los niños pequeños están separados de los niños mayores y que se usa como mínimo una (1) hora al día, durante todo el año, excepto cuando hace muy mal tiempo.*

5.2 Hay un área grande para juego activo que no está llena ni atestada.*

5.3 Hay abundantes materiales y equipo para la actividad física a fin de que los niños tengan acceso sin largos períodos de espera.

5.4 Cada niño del grupo puede usar algunas piezas de equipo, incluso los niños con discapacidades, si los hay.

5.5 Todo el espacio y el equipo son apropiados para los niños.*

7.1 El espacio al aire libre tiene dos o más tipos de superficies que permiten distintos tipos de juego (p. ej., césped, alfombra para exteriores, superficie de goma almohadillada, terraza de madera).

7.2 El área al aire libre está protegida de los elementos (p. ej., sombra en verano; sol en invierno; cortavientos; buen drenaje).

7.3 Los materiales que se usan diariamente estimulan una variedad de habilidades con los músculos grandes (p. ej., gatear, caminar, balancearse, trepar, jugar a la pelota).

---

*Notas aclaratorias

Ítem 16. El juego físico activo requiere que los niños lleven a cabo actividades para desarrollar sus destrezas motrices pesadas. Llevar a los niños a pasear en coche, columpiarlos o dejarlos jugar en el foso de arena no se debe contar como juego físico activo. A los bebés que no se pueden mover se les debe permitir hacerlo libremente hasta donde puedan, por ejemplo, sobre una manta u otra superficie segura. A los niños que pueden gatear o caminar se les deben dar oportunidades apropiadas desde el punto de vista del desarrollo para practicar las destrezas motrices pesadas.

1.1, 1.2, 3.3, 5.5. Los espacios interiores y exteriores son apropiados y el equipo y/o los materiales son seguros para los bebés y niños pequeños. Por ejemplo, las superficies acolchadas en las áreas de caídas deben ser adecuadas; el equipo no debe permitir caídas desde lugares altos; no debe haber peligros debidos a bordes afilados, astillas, protuberancias o la posibilidad de quedar atrapado.

1.2, 3.3, 5.5. Ejemplos de materiales y equipo apropiados:

- Bebés: Colchoneta o manta para exteriores, gimnasio de cuna para bebés pequeños, pequeños juguetes para empujar, pelotas, cosas resistentes para subirse, rampas para gatear.
- Niños pequeños: Juguetes sin pedales para que monten los niños pequeños, juguetes grandes con ruedas para tirar y jalar, bolsas y asientos rellenos, equipo para escalar

adecuado a la edad, resbalín, plancha de equilibrio, túneles, cojines o alfombras para hacer volteretas y cajas de cartón grandes.

3.2. Se debe vestir correctamente a los niños y llevarlos a jugar al aire libre excepto en días de muy mal tiempo.

5.1. El espacio al aire libre debe ser de fácil acceso para los adultos y los niños que actualmente son parte del programa. Se debe tener en cuenta el acceso para los niños que se desarrollan normalmente y para aquellos con discapacidades, si los hay inscritos. Los requisitos de acceso difieren según las habilidades de los niños y de los adultos que son parte del programa normal.

5.2. Si hay dos o más áreas de juego activo con los niños, califique este indicador según el promedio de actividades de los niños. Por ejemplo, si el área para jugar en el interior es pequeña, está atestada y se usa bastante más que un espacio al aire libre despejado y espacioso, no dé una calificación positiva. Si ocurre lo opuesto, dé una calificación positiva.

Preguntas

1.1, 3.1, 3.2, 5.1. ¿Hay áreas interiores y exteriores que este grupo use para el juego físico activo? *Si la respuesta es afirmativa y no se observó, pregunte*: ¿Puede mostrarme estas áreas? ¿Cómo se utilizan y durante cuánto tiempo aproximadamente?

Inadecuado		Mínimo		Bueno		Excelente
1	2	3	4	5	6	7

17. Arte*

1.1 No hay materiales de arte apropiados para los niños.*

1.2 Se usan materiales tóxicos o peligrosos para el arte (p. ej., crema de afeitar, brillantina, marcadores permanentes, pinturas acrílicas o al óleo, cosas que pueden ahogar a los niños tales como cacahuetes o manís de espuma de poliestireno o cuentas pequeñas).

3.1 Algunos materiales de arte se usan con los niños como mínimo una vez a la semana.
NA permitida.

3.2 Todos los materiales de arte que usan los niños son seguros, apropiados y no tóxicos.*

3.3 A los niños no se les obliga a participar; pueden dedicarse a otras actividades.

5.1 A los niños más pequeños se les ofrece una cierta medida de arte tres veces a la semana; a los niños pequeños mayores se les ofrece arte diariamente.
NA permitida.

5.2 Se estimula la expresión individual (p. ej., expectativas basadas en las aptitudes de los niños; no se pide a los niños que copien un ejemplo; no se usan libros para colorear ni dittos).

5.3 El personal facilita el uso apropiado de materiales (p. ej., pega con cinta adhesiva el papel para garabatear; usa equipo adaptable cuando es necesario; anima a los niños a pintar sobre el papel y a no comerse la pintura).

7.1 Se presenta una variedad de materiales a medida que los niños van estando preparados (p. ej., creyones y marcadores a la acuarela para los niños más pequeños; pinturas y plastilina o plasticina para los niños pequeños mayores y de dos años de edad).

7.2 El acceso a los materiales se basa en las aptitudes de los niños (p. ej., se ponen a disposición de los niños más pequeños con estrecha supervisión; los niños de dos años tienen acceso a materiales muy sencillos, tales como creyones grandes o tiza grande).

---

*Notas aclaratorias

Ítem 17. Marque este ítem NA si todos los niños del grupo tienen menos de 12 meses de edad. Sin embargo, si se hacen actividades de arte con bebés, califique el ítem y marque NA en los indicadores especificados (3.1 y 5.1).

1.1, 3.2. Los siguientes artículos son ejemplos de materiales de arte apropiados: creyones, marcadores a la acuarela, pinturas para pinceles y dedos, plastilina, materiales para collage de distintas texturas. Sólo se deben usar materiales simples con los niños pequeños menores. Se deben agregar otros materiales a medida que los niños adquieren destrezas y habilidad para usarlos apropiadamente.

Todos los materiales deben ser seguros y no tóxicos. Califique este ítem sólo en base a los materiales de arte que se usan con los niños. Los materiales comestibles (tales como budín de chocolate, pasta seca, palomitas de maíz, etc.) no se pueden contar como materiales de arte porque implican una idea errónea acerca del uso correcto de los alimentos. En los puntos 10, 11 y 25 se debe tener en cuenta las posibles consecuencias para la salud (problemas de salubridad), la seguridad (peligro de asfixia) y supervisión del uso de alimentos en arte.

Preguntas

1.2, 3.2. ¿Se usan materiales de arte con los niños? *Si la respuesta es afirmativa, pregunte:* ¿Qué materiales se usan? ¿Puedo ver estos suministros de arte? ¿En algún momento se usan materiales comestibles para actividades artísticas?

3.1, 5.1. ¿Con qué frecuencia se usan los materiales de arte con los niños?

7.1. ¿Cómo se escogen los materiales de arte que se ofrecen a los niños?

Inadecuado		Mínimo		Bueno		Excelente
1	2	3	4	5	6	7

18. Música y movimiento

1.1 Los niños no tienen experiencias con música y/o movimiento.*

1.2 Durante gran parte del día hay música fuerte que interfiere con las actividades en curso (p. ej., la música de fondo constante dificulta la conversación en tonos de voz normales; la música aumenta el nivel de ruido).

3.1 Hay algunos materiales, juguetes o instrumentos musicales accesibles para el juego libre diariamente, durante gran parte del día (p. ej., radios, juguete que suena, caja de música, xilófono, tambor).

3.2 El personal inicia como mínimo una (1) actividad musical diariamente (p. ej., cantar canciones con los niños; poner música suave a la hora de la siesta; tocar música para bailar).

3.3 A los niños no se les obliga a participar en actividades musicales de grupo; se pueden dedicar a otras actividades.

5.1 Hay muchos juguetes sonoros y/o instrumentos musicales agradables accesibles diariamente, durante gran parte del día.*

5.2 El personal canta y/o canturrea de manera informal con los niños diariamente.*

5.3 Además de cantar, el personal lleva acabo otras experiencias musicales diariamente (p. ej., usan casetes o discos compactos; tocan guitarra para los niños; ponen música a la hora de la siesta o para bailar).

5.4 La música grabada se usa en ocasiones limitadas y con un propósito positivo (p. ej., música suave durante la siesta; poner música para bailar o cantar).

7.1 Los juguetes o instrumentos musicales se alternan para dar variedad.

7.2 Se usan varios tipos de música con los niños (p. ej., clásica y popular; música característica de distintas culturas; canciones en distintos idiomas).

7.3 El personal anima a los niños a bailar, aplaudir o cantar juntos (p. ej., bailar al ritmo de la música mientras sostiene a un bebé; aplaudir al ritmo de la música con los niños pequeños; participar con los niños).

Notas aclaratorias

1.1. Los siguientes son ejemplos de materiales para experiencias con música y movimiento: reproductor de discos, casetes y discos compactos; surtido de discos, casetes y discos compactos; cajas de música; juguetes e instrumentos musicales; instrumentos musicales seguros hechos en casa tales como maracas hechas con botellas de plástico llenas de arena o guijarros y con las tapas bien apretadas.

5.1. "Muchos" significa por lo menos diez (10) juguetes musicales.

5.2. Para dar una calificación positiva, este indicador se debe manifestar como mínimo una vez durante la observación.

Preguntas

3.2, 5.3. ¿Se emplea algún tipo de música con los niños? *Si la respuesta es afirmativa, pregunte:* ¿Cómo se hace esto? ¿Con qué frecuencia?

7.1. ¿Hay otros juguetes o instrumentos musicales que los niños puedan tocar? ¿Puede mostrármelos?

7.2. ¿Qué tipo de música se toca con los niños? ¿Puede darme algunos ejemplos?

Inadecuado		Mínimo		Bueno		Excelente
1	2	3	4	5	6	7

19. Bloques*

1.1 No hay materiales para jugar con bloques.*

3.1 Hay como mínimo un (1) juego de bloques (6 o más bloques del mismo tipo) accesible diariamente.*

3.2 Hay algunos accesorios para bloques accesibles diariamente.*

3.3 Hay bloques y accesorios accesibles durante gran parte del día.

5.1 Hay como mínimo dos (2) juegos (10 o más bloques en cada juego) de distintos tipos accesibles diariamente, durante gran parte del día.*

5.2 Los bloques y accesorios son clasificados por tipo.

5.3 El espacio que los niños pequeños usan para jugar con bloques está alejado de la circulación y tiene una superficie firme.
NA permitida.

7.1 Hay como mínimo tres (3) juegos (10 o más bloques en cada juego) de distintos tipos accesibles diariamente, durante gran parte del día.*

7.2 Hay una variedad de accesorios tales como transportes, personas y animales de juguete.

7.3 El personal hace juegos de bloques sencillos con los niños.*

---

*Notas aclaratorias

Ítem 19. Marque este ítem NA si todos los niños tienen menos de 12 meses de edad.

1.1, 3.1, 3.2, 5.1, 7.1. Los siguientes son ejemplos de materiales para jugar con bloques: bloques blandos; bloques livianos de varias formas, tamaños y colores; bloques grandes de cartón; accesorios tales como recipientes para llenar y verter, camiones o carritos y animales de juguete.

Tome en cuenta que los bloques enclavados, tales como los bloques Duplo, se consideran en el Ítem 15. Destrezas motrices finas, y no se cuentan aquí.

7.3. Para dar una calificación positiva, este indicador se debe observar como mínimo una vez durante la observación.

Inadecuado		Mínimo		Bueno		Excelente
1	2	3	4	5	6	7

20. Juego dramático

1.1 No hay materiales accesibles para el juego dramático.*

3.1 Hay algunos materiales adecuados a la edad accesibles para el juego dramático, entre los cuales se incluyen muñecas y animales blandos.*

3.2 Los materiales son accesibles diariamente, durante gran parte del día.

5.1 Hay muchos y muy variados materiales para el juego dramático accesibles diariamente.*

5.2 La utilería representa lo que los niños experimentan en la vida cotidiana (p. ej., quehaceres domésticos, trabajo, transporte).

5.3 Los materiales están organizados por tipo (p. ej., platos de juguete en contenedores separados; muñecas; sombreros y carteras para disfrazarse colgados en clavijas, etc.).

5.4 Hay algunos muebles de tamaño infantil para los niños pequeños (p. ej., pequeño fregadero o cocina, cochecito para bebés, carrito de supermercado, etc.).
NA permitida.

7.1 La utilería representa diversidad (p. ej., las muñecas representan varias razas y culturas; hay equipo que usan las personas de diferentes culturas y las personas con discapacidades).

7.2 Hay utilería para el juego dramático de los niños pequeños al aire libre o en otros espacios grandes.
NA permitida.

7.3 El personal juega a hacer cuenta que llevan a cabo diferentes actividades domésticas (p. ej., hablar con el niño por teléfono con un teléfono de juguete; acunar y hablarle a una muñeca bebé).*

Notas aclaratorias

1.1, 3.1, 5.1. Los siguientes artículos son ejemplos de materiales para juego dramático:
- Bebés: Muñecas, animales, ollas y sartenes, teléfonos de juguete
- Niños pequeños: Ropa para disfrazarse; mobiliario para casa infantil; equipo para cocinar y comer, tal como ollas, sartenes, platos, cucharas; alimentos de juguete; muñecas; muebles para muñecas; animales blandos; edificios pequeños de juguete con accesorios; teléfonos de juguete

5.1. Para los bebés, "muchos" requiere de 3 a 5 de los artículos que aparecen en la lista de materiales. Para los niños pequeños, se requieren dos (2) o más juguetes de la lista de ejemplos de juguetes mencionado en la lista de materiales. Sin embargo, puede haber menos de un tipo de juguete y más de otro, con tal de que la mayoría estén representados.

7.3. Para dar una calificación positiva, este indicador se debe observar como mínimo una vez durante la observación.

Inadecuado		Mínimo		Bueno		Excelente
1	2	3	4	5	6	7

21. Juego con arena y agua*

1.1 Los niños de 18 meses o más no disponen de juego con agua y arena. *NA permitida.*

3.1 Hay algún tipo de juego con agua y arena, adentro o afuera, como mínimo una vez cada dos semanas.

3.2 Hay estrecha supervisión del juego con agua y arena.*

3.3 Algunos juguetes se usan para jugar con agua y arena.*

5.1 Se juega con agua y arena como mínimo una vez a la semana.

5.2 Hay una variedad de juguetes para jugar con agua y arena.*

5.3 Las actividades con agua y arena se organizan para facilitar el juego (p. ej., suficiente agua y arena para jugar; hay suficiente espacio para los juguetes; hay espacio suficiente para la cantidad de niños que participan).

7.1 Se juega con agua y arena diariamente.

7.2 Se hacen distintas actividades con agua y arena (p. ej., hay días en que el agua se usa para bañar muñecas; días en que se usa para hacer flotar juguetes y días en que se usa para verterla).

---

*Notas aclaratorias

Ítem 21. Marque este ítem NA si todos los niños tienen menos de 18 meses de edad.

Se deben tener en cuenta las posibles consecuencias para la salud, la seguridad y la supervisión del uso de arena o agua con niños menores de 18 meses en los ítems 10, 11 y 25.

Además de la arena, se pueden contar otros materiales de grano fino que pueden usarse fácilmente para cavar y verter, tales como tierra de maceta esterilizada o mantillo triturado muy menudo. Los materiales que representan un peligro para los niños de esta edad, tales como frijoles secos, guijarros pequeños, pedacitos de espuma de poliestireno, harina de maíz y harina de trigo, no se pueden contar como sustitutos de la arena.

El juego con agua se puede hacer con materiales tales como mangueras, aspersores, palanganas u otros recipientes o una mesa de agua.

El juego con agua y arena requiere que el personal proporcione los materiales apropiados para la actividad. Permitir que los niños jueguen en charcos o caven en la tierra del patio de recreo no cumple con los requisitos de este ítem.

3.2. Si no se observó, base la calificación en la supervisión que se observa durante otras actividades.

3.3., 5.2. Los siguientes artículos son ejemplos de juguetes para usar con agua y arena: utensilios de cocina, pala y balde, carritos y camiones pequeños, juguetes que flotan, envases de plástico.

Preguntas

1.1. ¿Usan los niños agua o arena? *Si la respuesta es afirmativa, pregunte:*

3.1, 5.1, 7.1. ¿Con qué frecuencia?

3.3, 5.2. ¿Hay juguetes para jugar con agua y arena? ¿Puede describirlos o mostrármelos?

7.2. Además de lo que vi hoy ¿hay otras actividades o materiales para el juego con agua o arena? ¿Puede hablarme al respecto?

Inadecuado		Mínimo		Bueno		Excelente
1	2	3	4	5	6	7

22. Naturaleza y ciencias

1.1 No hay imágenes, libros ni juguetes que representen la naturaleza de manera realista (p. ej., sólo se muestran animales como caricaturas o personajes extravagantes).

1.2 Los niños no tienen oportunidades para interactuar con la naturaleza (p. ej., no tienen contacto con los árboles, el césped o las aves; no hay plantas vivas ni mascotas en la sala; no hay conchas o caracoles de mar ni otros objetos naturales).

3.1 Hay algunas imágenes, libros o juguetes que representan la naturaleza de manera realista y todos son apropiados desde el punto de vista del desarrollo (p. ej., carteles que no dan miedo y que muestran claramente animales reales; animales de juguete que se ajustan a la realidad).

3.2 Materiales accesibles todos los días.

3.3 Hay algunas oportunidades para interactuar con la naturaleza diariamente, ya sea adentro o al aire libre.*

5.1 Hay experiencias con la naturaleza al aire libre por lo menos 2 veces a la semana (p. ej., se coloca a los bebés en una manta sobre el césped; los niños pequeños exploran las flores y los árboles en el patio o en el parque; se lleva a los niños a un paseo en coche mientras el personal indica las cosas naturales).*

5.2 Hay algunas experiencias diarias con plantas o animales vivos adentro (p. ej., hay plantas para mirar en la sala; el personal muestra árboles, flores o pájaros desde las ventanas; los niños visitan el acuario).

5.3 Se usan los acontecimientos de todos los días como una base para aprender sobre la naturaleza y la ciencia (p. ej., se habla sobre el estado del tiempo, se muestran insectos o pájaros, se hacen globitos o bombas de jabón; se mira caer la nieve o la lluvia).*

7.1 El personal muestra interés y respeto por la naturaleza (p. ej., son cariñosos con los animales; ayudan a los niños a manipular las cosas naturales cuidadosamente; llevan a los niños afuera en diferentes condiciones meteorológicas).

7.2 Los materiales sobre naturaleza y ciencia están bien organizados y en buen estado (p. ej., las colecciones están almacenadas en diferentes contenedores; las jaulas de los animales están limpias).

Notas aclaratorias

3.3. El propósito de este indicador es que se den oportunidades a los niños para interactuar con la naturaleza. Esto puede hacerse llevando a los niños al aire libre para ver o tocar cosas naturales tales como árboles, pasto y aves, o experimentando con la naturaleza en el interior por medio de plantas vivas, acuarios, mascotas en la sala de clases y observación de aves en un comedero de ventana.

5.1. Para dar una calificación positiva en este indicador, debe haber plantas y/o animales vivos en las experiencias al aire libre de los niños.

5.3. Para dar una calificación positiva, se debe observar como mínimo un (1) caso durante la observación.

Preguntas

5.1. ¿Con qué frecuencia llevan a los niños al aire libre? ¿Puede describir las experiencias que tienen con la naturaleza cuando están al aire libre?

| Inadecuado | | Mínimo | | Bueno | | Excelente |
| 1 | 2 | 3 | 4 | 5 | 6 | 7 |

23. Uso de televisores, videos y/o computadoras*

1.1 Los materiales no son apropiados desde el punto de vista del desarrollo (p. ej., contenido violento o sexualmente explícito, personajes espantosos o historias demasiado difíciles).

1.2 No se permite otra actividad mientras los niños ven televisión o videos o usan computadoras (p. ej., todos los niños tienen que mirar el video al mismo tiempo).

1.3 Los niños menores de 12 meses de edad ven televisión o videos o usan computadoras.*
NA permitida.

3.1 Todos los materiales que se usan son no violentos, culturalmente sensibles y apropiados desde el punto de vista del desarrollo.

3.2 Hay como mínimo una (1) actividad alternativa mientras los niños ven televisión o videos o usan computadoras (p. ej., los niños no están obligados a sentarse frente al televisor y pueden hacer otra actividad).

3.3 El tiempo que se permite a los niños mayores de 12 meses ver televisión o videos o usar computadoras es limitado (p. ej., la televisión y los videos se limitan a 30 minutos al día en un programa de día completo; cada turno para usar la computadora se limita a 10 minutos).*

5.1 Los materiales que se usan se limitan a lo que se consideran "buenos para los niños" (p. ej., cuentos simples, música y baile y videos y juegos de computadora muy simples, pero no la mayoría de los dibujos animados).

5.2 Hay muchas actividades alternativas que se pueden escoger libremente mientras los niños ven televisión o videos o usan computadoras.

5.3 El personal participa activamente en el uso de los televisores, videos o computadoras (p. ej., el personal mira los videos con los niños y hablan al respecto; en conjunto, el personal y los niños hacen una actividad sugerida por un programa de televisión educativa; el personal ayuda a los niños a aprender cómo usar correctamente los programas de computadora).

7.1 La mayoría de los materiales son incentivos para la participación activa (p. ej., los niños pueden bailar, cantar o hacer ejercicios siguiendo un video; el software interesa a los niños).

7.2 Se usan materiales para apoyar y extender los intereses y las experiencias de los niños (p. ej., hay un video de un hombre de nieve en un día en que nieva; hay videos que muestran las experiencias cotidianas de los niños).

Notas aclaratorias

Ítem 23. Puesto que los bebés y niños pequeños aprenden ante todo por medio de interacciones y experiencias prácticas con el mundo real, no es obligatorio usar televisores, videos ni computadoras. Si no se ve ni televisión ni videos ni se usan computadoras, califique el ítem NA. Si no se observó, pregunte acerca del uso de televisores, videos y computadoras que puedan compartirse entre varias clases y puedan no ser evidentes durante la observación.

Puesto que constantemente se desarrollan nuevos productos audiovisuales, tenga en cuenta todo el equipo o materiales audiovisuales que se usa con los niños, inclusive si no se mencionan explícitamente. Por ejemplo, los DVD y juegos electrónicos se pueden tomar en cuenta para la calificación. También se considera aquí el uso de programas de radio.

1.3, 3.3. El uso con niños menores de 12 meses de edad ocasiona una calificación de uno (1). Cualquier uso con niños pequeños debe ser limitado.

Preguntas

1.1, 3.1, 5.1, 7.1. ¿Se usan televisores, videos, computadoras u otros materiales audiovisuales con los niños? *Si la respuesta es afirmativa, pregunte:* ¿Cómo se usan? ¿Cómo escogen los materiales?

1.2. ¿Hay otras actividades para los niños mientras los niños ven televisión o videos?

3.3. ¿Con qué frecuencia se usan los televisores, los videos o las computadoras con los niños? ¿Durante cuánto tiempo?

5.3. ¿Cómo se supervisan los niños cuando ven televisión o usan la computadora?

7.1. ¿Hay materiales que estimulen la participación activa por parte de los niños? Dé ejemplos.

7.2. ¿Usan los televisores, los videos o las computadoras en relación con los temas de la clase u otros temas en que los niños estén interesados? Explique.

Inadecuado		Mínimo		Bueno		Excelente
1	2	3	4	5	6	7

24. Promoción de la aceptación de la diversidad*

1.1 No se observa diversidad racial ni cultural en los materiales.

1.2 Los materiales presentan sólo estereotipos negativos (p. ej., la raza, las culturas, las edades, las habilidades y los sexos sólo se muestran negativamente).

1.3 Los miembros del personal demuestran prejuicios hacia otras personas (p. ej., contra un niño u otro adulto de otra raza o grupo cultural, contra una persona con discapacidades).

3.1 Se observan por lo menos 3 ejemplos de diversidad racial o cultural en los materiales (p. ej., muñecas, libros, imágenes multirraciales o multiculturales; cintas de música o discos compactos de diversas culturas; en áreas bilingües, hay algunos materiales en el idioma primario de los niños).*

3.2 Los materiales demuestran la diversidad de una manera positiva.

3.3 No se observan prejuicios *o* el personal interviene de manera apropiada para contrarrestar los prejuicios mostrados por los niños u otros adultos (p. ej., se explican las semejanzas y diferencias; se establecen reglas para el trato justo de los demás).

5.1 Hay muchos libros, imágenes y materiales en que se muestra la diversidad (p. ej., personas de distintas razas, culturas, edades, habilidades y sexos en roles no estereotípicos).*

5.2 Hay muñecas que representan por lo menos 3 razas (p. ej., colores de la tez o características faciales).

7.1 Hay imágenes no sexistas en las fotos o en los libros a los cuales los niños tienen acceso (p. ej., hay hombres y mujeres, niños y niñas haciendo trabajo y desempeñando roles similares).

7.2 Se observa un conciencia cultural en una variedad de actividades (p. ej., hay varios tipos de música, se celebran diferentes días festivos y costumbres, se sirven comidas típicas de diversos orígenes étnicos).

---

*Notas aclaratorias

Ítem 24. Cuando evalúe la variedad de materiales, tenga en cuenta todas las áreas y materiales que usan los niños, tales como imágenes, fotografías, libros, rompecabezas, juegos, muñecas, gente de juguete que se usa con bloques, marionetas, casetes o discos compactos de música, programas de computadora, videos, etc.

3.1, 5.1. Si es difícil encontrar u observar los materiales, no dé una calificación positiva por los puntos 3.1 y 5.1.

5.1. El observador debe encontrar por lo menos diez (10) situaciones que muestren variedad de libros, imágenes y materiales con que los niños pueden experimentar fácilmente (No considere las muñecas que se necesitan en el ítem 5.2)

Preguntas

7.2. ¿Hay actividades para ayudar a los niños a tomar conciencia de la diversidad? *Si la respuesta es afirmativa, pregunte:* ¿Puede darme algunos ejemplos?

Inadecuado		Mínimo		Bueno		Excelente
1	2	3	4	5	6	7

INTERACCIÓN

25. Supervisión del juego y del aprendizaje*

1.1 Supervisión insuficiente para proteger a los niños (p. ej., el personal deja solos a los niños y no puede verlos, oírlos ni alcanzarlos; hay niños desatendidos en situación peligrosa).

3.1 El personal puede ver, oír y alcanzar a los niños fácilmente, con no más de unos pocos descuidos momentáneos (p. ej., el personal consigue rápidamente los materiales del armario del salón; el personal habla hacia la sala desde la puerta mientras supervisa a los niños en el patio de recreo).

3.2 La atención se centra en las responsabilidades del cuidado, no en otras tareas o intereses.

5.1 El personal se muestra atento a todo el grupo inclusive mientras trabaja con un niño o un grupo pequeño.

5.2 El personal reacciona rápidamente para solucionar los problemas de una manera reconfortante y fortalecedora.

5.3 El personal juega con los niños y muestra interés y reconocimiento por lo que hacen.

5.4 El personal ayuda y anima a los niños cuando es necesario (p. ej., ayuda a un niño que anda solo a participar en el juego; ayuda a un bebé a tomar un juguete de un estante).

7.1 El personal observa cuidadosamente y por lo general reacciona para evitar los problemas antes de que ocurran (p. ej., sacar varios juguetes iguales para que los niños no se peleen por el mismo juguete; mover el juego activo antes de que perturbe el juego silencioso).

7.2 La supervisión es individualizada (p. ej., supervisión más estrecha de un niño con mayores necesidades; mover a un bebé para evitar que se aburra).

7.3 El personal varía la supervisión para cumplir con los distintos requisitos de las actividades (p. ej., actividades y materiales de arte con piezas pequeñas supervisadas de cerca).

Notas aclaratorias

Ítem 25. Para este ítem tenga en cuenta la supervisión en el interior y el exterior. Para calificar este ítem por supervisión al aire libre en que varios grupos se supervisan juntos, tenga en cuenta lo siguiente: todos los maestros que supervisan actividades motrices pesadas; todos los niños con edades y/o habilidades similares a las de los del grupo que usted observa; el número de adultos y de niños; y si los adultos supervisan adecuadamente las áreas y actividades más peligrosas. Puesto que la supervisión de las diversas rutinas de cuidado personal se trata en ítems individuales, no se considera aquí (Ver Ítem 7. Comidas y meriendas; Ítem 8. Siestas e Ítem 9. Cambio de pañales y uso del baño).

Inadecuado		Mínimo		Bueno		Excelente
1	2	3	4	5	6	7

26. Interacción entre los niños

1.1 Interacción reducida o inapropiada entre los niños (p. ej., niños separados en cunas, hamacas o sillas altas cuando están despiertos; niños pequeños amontonados en un espacio pequeño con pocos juguetes).

1.2 La interacción negativa entre niños se ignora o se trata con severidad.

3.1 La interacción entre niños es posible durante gran parte del día (p. ej., los bebés que no pueden moverse juegan bajo supervisión cerca de otros niños; a los niños pequeños se les permite formar agrupaciones naturales).

3.2 El personal normalmente interrumpe la interacción negativa entre niños (p. ej., dejar de golpear, morder o arrebatar juguetes).

5.1 El personal facilita las interacciones positivas entre los niños (p. ej., coloca a los bebés para que miren y reaccionen frente a otros niños; ayuda a los niños pequeños a encontrar juguetes iguales cuando se corre el riesgo de que los niños se peleen por el mismo juguete; incluye a un niño con discapacidades en el juego con otros niños).

5.2 El personal modela la interacción social positiva (p. ej., son afectuosos y cariñosos; tocan con suavidad; son corteses y no "mandones" con los niños).

7.1 El personal explica las acciones, intenciones y sentimientos de los niños a otros niños (p. ej., ayuda a los niños a reconocer expresiones faciales de tristeza o alegría; explica que otro niño no quiso hacer daño; elogia al niño por conseguir su propio juguete en vez de pelearse por el que tiene otro niño).*

7.2 El personal señala y habla acerca de ejemplos de interacción social positiva entre niños o entre adultos y niños (p. ej., ayuda a los niños a notar cuando alguien reconforta a otro niño; sonríe y habla con un bebé que nota a otros niños; elogia a los niños de dos años por ayudar a traer las sillas hasta la mesa).*

Notas aclaratorias

7.1. Se deben observar por lo menos dos (2) casos para dar una calificación positiva en este indicador.

7.2. Se debe observar por lo menos un (1) caso para dar una calificación positiva en este indicador.

Inadecuado		Mínimo		Bueno		Excelente
1	2	3	4	5	6	7

27. Interacción entre el personal y los niños*

1.1 La interacción es impersonal o negativa (p. ej., el personal rara vez responde, sonríe, habla o escucha a los niños).

1.2 Se da una cantidad desigual de atención positiva a los niños (p. ej., el personal tiene un niño preferido que recibe bastante más atención que los otros).

1.3 El contacto físico no es cariñoso ni sensible, o es duro.

3.1 Hay sonrisas, conversaciones y muestras de afecto ocasionales para con los niños durante el día.

3.2 El personal por lo general responde de una manera comprensiva para ayudar a los niños dolidos, enojados o molestos.*

3.3 No hay interacción física o verbal severa entre el personal y los niños.

3.4 Hay una cierta medida de afecto físico cariñoso y sensible durante el día en rutinas o juegos (p. ej., sostener a un niño suavemente mientras se le lee un libro; abrazar con cariño al niño mientras se le da el biberón).

5.1 Interacción positiva frecuente entre el personal y los niños durante el día (p. ej., el personal inicia el juego físico y verbal, responde cuando el niño inicia las interacciones, se muestra complacido por la actividad del niño, etc.).

5.2 El personal y los niños se muestran normalmente relajados, hablan agradablemente y sonríen con frecuencia.

5.3 Durante el día se toma en brazos a los niños, se les dan palmaditas reconfortantes y se les muestra calor humano en gran medida.

7.1 La interacción es sensible a las necesidades y estados de ánimo de cada niño (p. ej., relajante con un niño cansado; más activa con un niño juguetón; tranquilizadora con un niño que tiene miedo).

7.2 El personal normalmente es sensible a los sentimientos y reacciones de los niños (p. ej., evita las interrupciones bruscas, previene al bebé antes de tomarlo en brazos).

Notas aclaratorias

Ítem 27. Aunque los indicadores de calidad en este ítem generalmente son válidos en varias culturas y personas, las maneras en que se expresan pueden diferir.
Por ejemplo, en algunas culturas el contacto visual directo es señal de respeto; en otras es señal de falta de respeto. Asimismo, algunas personas son más propensas a sonreír y ser efusivas que otras. Sin embargo, el personal debe cumplir con los requisitos de los indicadores, aunque varíe un poco la manera en que esto se hace.

3.2. "De manera comprensiva" significa que el personal observa y valora los sentimientos de un niño, inclusive si el niño muestra emociones que se consideran inaceptables, tales como ira o impaciencia. Los sentimientos se deben aceptar, aunque los comportamientos inapropiados, tales como golpear o lanzar cosas, no se deben permitir. Se debe proporcionar una respuesta favorable en la mayoría, aunque no necesariamente en todos los casos. Si los niños pueden solucionar rápidamente problemas menores por sí mismos, no es necesario la respuesta del maestro. El observador necesita obtener una impresión general de la respuesta del personal. Si los problemas menores persisten y se ignoran o si el personal responde de manera negativa, no dé una calificación positiva en este indicador.

Inadecuado		Mínimo		Bueno		Excelente
1	2	3	4	5	6	7

28. Disciplina

1.1 La disciplina es *tan* estricta que se castiga y se restringe a los niños a menudo o es *tan poco* estricta que falta orden o control.

1.2 Se controla a los niños con métodos severos: se les pega, se les grita, los encierran por largos ratos o se les niega la comida.

3.1 El personal nunca usa castigo físico ni disciplina severos.

3.2 El personal *por lo general* mantiene suficiente control para evitar los problemas (p. ej., que los niños se hagan daño o que se pongan en peligro; que sean destructivos).

3.3 Lo que se espera en cuanto al comportamiento es en su mayor parte apropiado para la edad y el nivel de desarrollo de los niños (p. ej., no se fuerza a los niños a compartir las cosas aunque se puede hablar al respecto; no se espera que los niños esperen por largos períodos de tiempo).

5.1 El programa está estructurado para evitar conflictos y para promover la interacción apropiada (p. ej., hay suficientes juguetes iguales para que los niños no se peleen por ellos; a un niño con un juguete preferido se le da un área protegida en donde jugar; los niños no están amontonados; el personal responde rápidamente ante los problemas; las transiciones se dan sin altibajos).

5.2 El personal usa métodos de disciplina positiva de manera efectiva (p. ej., dirigir al niño hacia una actividad aceptable cuando está haciendo algo inaceptable; la suspensión disciplinaria se usa rara vez en general y nunca en niños de menos de 2 años de edad).

5.3 Se presta atención frecuentemente cuando los niños se portan bien (p. ej., el personal mira, sonríe o participa mientras los niños juegan, comen, etc.).

5.4 El personal reacciona de manera consistente al comportamiento de los niños.

7.1 El personal ayuda a los niños a entender los efectos de sus propias acciones sobre los demás (p. ej., indica a un niño que otro está llorando; explica que el niño está enojado porque le derribaron los bloques).

7.2 El personal ayuda a los niños a usar la comunicación en lugar de la agresión para resolver los problemas (p. ej., sugieren palabras a los que no hablan; animan a los que hablan a usar palabras).

7.3 El personal pide consejo a otros profesionales acerca de los problemas de comportamiento.

Preguntas

1.1. ¿Alguna vez encuentran que es necesario usar disciplina estricta? Describa los métodos que se usan.

7.3. ¿Qué hacen si tienen un niño con un problema de comportamiento muy difícil? ¿Alguna vez le pide ayuda a otras personas? *Si la respuesta es afirmativa, pregunte:* ¿Puede usted dar ejemplos de a quién se le puede pedir ayuda?

Inadecuado		Mínimo		Bueno		Excelente
1	2	3	4	5	6	7

ESTRUCTURA DEL PROGRAMA

29. Horario*

1.1 El horario es demasiado rígido al punto que no satisface las necesidades de muchos niños *o* demasiado flexible (caótico) al punto que carece de secuencia confiable de acontecimientos diarios.*

1.2 No se satisfacen las necesidades de rutina de los niños (p. ej., niños que lloran, comidas de prisa, retrasos en el cambio de pañales).

1.3 El personal no tiene tiempo para supervisar a los niños que juegan (p. ej., todo el tiempo se dedica a las rutinas).

3.1 El horario satisface las necesidades de la mayoría de los niños.

3.2 El personal organiza actividades de juego como parte del horario diario.

5.1 El horario de rutinas básicas es flexible e individualizado para satisfacer las necesidades de cada niño (p. ej., los bebés tienen horarios personalizados; los niños pequeños cansados pueden dormir siesta antes de tiempo).

5.2 El horario proporciona equilibrio entre las actividades en el interior y las actividades al aire libre.*

5.3 El juego activo y silencioso es variado para satisfacer las necesidades de los niños.

5.4 No hay largos períodos de espera durante las transiciones entre acontecimientos diarios.*

7.1 El personal adapta el horario de actividades de juego durante el día para satisfacer las distintas necesidades de los niños (p. ej., cambia una actividad si los niños pierden el interés; extiende el tiempo de juego si los niños están interesados).

7.2 La mayoría de las transiciones entre acontecimientos diarios se dan sin altibajos (p. ej., los materiales de juego para la siguiente actividad están dispuestos antes de que comience la actividad; los niños comen inmediatamente después de lavarse las manos; las transiciones se hacen gradualmente con no más de unos cuantos niños a la vez).

---

*Notas aclaratorias

Ítem 29. "Horario" significa la secuencia de acontecimientos diarios que experimentan los niños. Base la calificación en la secuencia real de acontecimientos observados, más que en un horario publicado.

1.1. Los períodos de juego al interior o al aire libre son "acontecimientos diarios" tanto como las rutinas tales como comidas y/o meriendas, siestas y/o descansos, cambio de pañales y/o uso del baño y saludos y/o despedidas.

5.2. El equilibrio depende de las edades, las necesidades y los estados de ánimo de los niños y del estado del tiempo. Todos los niños deben pasar un cierto período de tiempo al aire libre diariamente, si el estado del tiempo lo permite. El período al aire libre puede incluir experiencias tranquilas y activas.

5.4. Marque "No" si los niños tienen que esperar sin hacer nada por más de tres minutos o si la espera les causa problemas a los niños.

Preguntas

5.1. ¿Qué hacen si un niño pequeño parece cansado antes de la hora de la siesta o hambriento antes de la hora de la comida? ¿Es posible que haya flexibilidad con las horas de comer y de dormir? *Si la respuesta es afirmativa, pregunte:* ¿Cómo se manejaría tal situación?

Inadecuado		Mínimo		Bueno		Excelente
1	2	3	4	5	6	7

30. Juego libre*

1.1 Hay pocas oportunidades para el juego libre o gran parte del día se dedica al juego libre sin supervisión.

1.2 Los juguetes, materiales y equipo son inadecuados para el juego libre de los niños (p. ej., muy pocos juguetes o juguetes generalmente en mal estado).

3.1 Hay juego libre diariamente, adentro *y* al aire libre, si el estado del tiempo lo permite.

3.2 Hay una cierta medida de supervisión para proteger a los niños y facilitar el juego.*

3.3 Hay juguetes, materiales y equipo adecuados para el juego libre.

5.1 Hay juego libre durante gran parte del día, tanto adentro como al aire libre, si el estado del tiempo lo permite.*

5.2 El personal participa activamente para facilitar el juego de los niños durante el día (p. ej., ayuda a los niños a conseguir los materiales que necesitan; ayuda a los niños a usar los materiales que son difíciles de manejar).

5.3 Hay numerosos y variados juguetes y materiales y mucho equipo para el juego libre.

7.1 La supervisión se usa como interacción educativa (p. ej., el personal añade palabras a las acciones de los niños; el personal señala características interesantes de los juguetes).*

7.2 El personal agrega materiales para estimular el interés de los niños durante el juego libre (p. ej., saca juguetes que no se han usado antes ese día; alterna los materiales; hace una nueva actividad con los niños).

Notas aclaratorias

Ítem 30. "Juego libre" significa que se le permite al niño escoger los materiales y compañeros y, en lo posible, jugar independientemente. La interacción con adultos se produce en respuesta a las necesidades del niño. A los niños que no se pueden mover se les deben ofrecer los materiales para que escojan libremente y luego llevarlos a las distintas áreas para facilitar el acceso.

3.2. Marque "No" sólo cuando la supervisión sea muy poco estricta.

5.1. Los siguientes son ejemplos de estado del tiempo que no permite el juego al aire libre: lluvia abundante, heladas, temperaturas muy bajas o muy altas, o niveles de contaminación peligrosamente altos.

7.1. Se deben ver por lo menos dos (2) casos durante la observación.

Preguntas

7.2. ¿Hay materiales de juego adicionales para los niños? *Si la respuesta es afirmativa, pregunte:* ¿Con qué frecuencia cambian los materiales en la sala?

Inadecuado		Mínimo		Bueno		Excelente
1	2	3	4	5	6	7

31. Actividades de juego en grupo*

1.1 Los niños tienen que participar en actividades dirigidas por el personal, inclusive si no están interesados (p. ej., todos hacen el proyecto de arte al mismo tiempo; todos están obligados a sentarse en el grupo que oye los cuentos).

1.2 Las actividades que se hacen en grupos son por lo general inapropiadas para los niños (p. ej., el contenido es demasiado difícil; los niños no están interesados; la actividad dura demasiado tiempo).

1.3 El personal se comporta de manera negativa si los niños no participan bien en el grupo (p. ej., se enojan; dan suspensiones disciplinarias a los niños).

3.1 Nunca se obliga a los niños a participar en actividades de juego en grupo (p. ej., se permite que los niños dejen el grupo si lo desean y que hagan otra cosa).

3.2 Las actividades que se hacen en grupo son por lo general apropiadas.

3.3 El personal por lo general es positivo y tolerante con los niños durante el juego en grupo.

5.1 El personal es flexible y adapta la actividad a medida que los niños se unen o dejan el grupo (p. ej., materiales suficientes para todos los que quieren unirse; hacer más espacio para los recién llegados; acabar la actividad si los niños pierden interés).

5.2 El tamaño del grupo es adecuado para la edad y capacidad de los niños (p. ej., 2 a 3 bebés; 2 a 5 niños pequeños; 4 a 6 niños de dos años).

5.3 Hay otras actividades para los niños que no participan en el grupo.

7.1 Las actividades de grupo se organizan para maximizar el éxito de los niños (p. ej., espacio suficiente de manera que los niños no estén amontonados; se estimula la participación activa; el libro es suficientemente grande como para que todos puedan verlo fácilmente).

7.2 El personal satisface las necesidades de cada niño para estimular la participación (p. ej., un niño que está distraído se acurruca en el regazo de la o el maestra(o); se le habla por señas a un niño con problemas de audición).

---

*Notas aclaratorias

Ítem 31. Este ítem se refiere a actividades de juego y aprendizaje, no a rutinas. Califique este ítem NA si nunca se usan actividades de juego en grupo. Las actividades de juego en grupo son iniciadas por el personal y se espera que los niños participen. Este ítem no se aplica a las actividades de grupo menos formales que por lo general ocurren durante el juego libre en que los niños participan en grupos porque están interesados en hacer la misma actividad al mismo tiempo. Los siguientes son ejemplos de estas actividades de grupo menos formales: un grupo de niños mira un libro con una maestra, varios niños juegan individualmente con bloques unos cerca de otros y una maestra los supervisa.

Inadecuado		Mínimo		Bueno		Excelente
1	2	3	4	5	6	7

32. Previsiones para niños discapacitados*

1.1 El personal no intenta evaluar las necesidades de los niños o buscar evaluaciones disponibles.

1.2 No se intenta responder a las necesidades especiales de los niños (p. ej., no se hacen las modificaciones necesarias en la interacción con los maestros, en el ambiente físico, en las actividades del programa y en el horario).

1.3 No hay participación de los padres para ayudar al personal a entender las necesidades de sus niños o fijar metas para los niños.

1.4 Los niños con discapacidades participan muy poco con el resto del grupo (p. ej., no comen en la misma mesa; se pasean y no participan en las actividades).

3.1 El personal tiene información proveniente de las evaluaciones disponibles.

3.2 Se hacen modificaciones menores para responder a las necesidades de los niños con discapacidades.*

3.3 Hay cierta medida de participación de los padres y del personal en la fijación de metas para los niños (p. ej., los padres y los maestros asisten a reuniones del Plan Individualizado de Servicio para la Familia {Individual Family Service Plan, IFSP}).

3.4 Hay cierta medida de participación de los niños con discapacidades en las actividades con los otros niños.

5.1 El personal lleva a cabo actividades e interacciones recomendadas por otros profesionales (p. ej., médicos, terapeutas, educadores) para ayudar a los niños a alcanzar metas identificadas.

5.2 Se hacen modificaciones al ambiente, al programa y al horario para que los niños puedan participar en muchas actividades con otros niños.

5.3 Los padres participan a menudo en el intercambio de información con el personal, fijando metas y haciendo comentarios sobre el funcionamiento del programa.

7.1 La mayor parte de la intervención profesional se hace dentro de las actividades regulares de la clase.

7.2 Los niños con discapacidades son integrados al grupo y participan en la mayor parte de las actividades.

7.3 El personal contribuye a las evaluaciones individuales y a los planes de intervención.

Notas aclaratorias

Ítem 32. Este ítem se debe usar sólo si hay en el programa un niño con una discapacidad identificada. De no ser así, asigne una calificación NA a este ítem.

3.2. Las "modificaciones menores" para ayudar a los niños pueden ser hacer cambios limitados en el ambiente (tales como una rampa) en el horario o en las actividades, o agregar visitas regulares de un terapeuta para atender a los niños.

Preguntas

¿Podría describir cómo tratan de satisfacer las necesidades de los niños con discapacidades en su grupo?

1.1, 3.1. ¿Tienen alguna información sobre las evaluaciones hechas a los niños? ¿Cómo se usa esta información?

1.2, 3.2, 5.2. ¿Necesitan hacer algo especial para satisfacer las necesidades de los niños? Describa lo que hacen.

1.3, 3.3, 5.3. ¿Colaboran ustedes con los padres en la toma de decisiones sobre las maneras de satisfacer las necesidades de los niños? Describa.

5.1, 7.1. ¿Cómo se manejan los servicios de intervención tales como la terapia?

7.3. ¿Participa usted en la evaluación de los niños o en el desarrollo de los planes de intervención? ¿Cuál es su papel?

Inadecuado		Mínimo		Bueno		Excelente
1	2	3	4	5	6	7

PADRES Y PERSONAL

33. Previsiones para los padres

1.1 No se da a los padres información por escrito relacionada con el programa.

1.2 Se disuade a los padres de observar o participar en el programa de los niños.

3.1 Se da a los padres información administrativa por escrito acerca del programa (p. ej., costos, horas de servicio, reglas de salud en cuanto a la asistencia del niño).*

3.2 Los padres y el personal intercambian una cierta medida de información relacionada con el niño (p. ej., comunicación informal; conferencias de padres a solicitud; cierta medida de materiales sobre crianza de niños).

3.3 Se dan posibilidades para que los padres u otros integrantes de la familia participen en el programa de los niños.

3.4 Las interacciones entre el personal y los integrantes de la familia son generalmente respetuosas y positivas.

5.1 Se recomienda a los padres observar el grupo al que se integraría el niño antes de matricularlo.

5.2 Se da a conocer a los padres la filosofía y el enfoque del programa (p. ej., manual para los padres, normas de disciplina, descripciones de las actividades, reunión de orientación de padres, etc.).*

5.3 Los padres y el personal intercambian mucha información relacionada con los niños (p. ej., comunicación informal frecuente; conferencias con regularidad sobre cada uno de los niños; reuniones de padres, boletines, información sobre salud, seguridad y desarrollo infantil, etc.).

5.4 Hay una variedad de alternativas para alentar la participación de la familia en el programa de los niños (p. ej., traer golosinas para un cumpleaños, almorzar con el niño; asistir a una reunión donde las familias traen platos de comida para compartir).

7.1 Se pide a los padres que den una evaluación del programa cada año (p. ej., cuestionarios para los padres; reuniones grupales de evaluación).

7.2 Los padres son remitidos a otros profesionales cuando sea necesario (para consejos especiales sobre crianza de niños; por preocupaciones sobre la salud del niño).

7.3 Los padres colaboran con el personal en cuanto a la toma de decisiones (p. ej., los padres tienen representantes en la junta directiva).

Notas aclaratorias

3.1, 5.2. Todos los padres deben comprender fácilmente los materiales. Por ejemplo hay traducciones, si es necesario.

Preguntas

1.1, 3.1, 5.2. ¿Se da a los padres por escrito información acerca del programa? ¿Qué contiene esta información?

1.2, 3.3, 5.4. ¿Hay maneras en que los padres puedan participar en la clase de su niño? Dé algunos ejemplos.

3.2, 5.3. ¿Intercambian usted y los padres información sobre los niños? ¿Cómo se hace esto? ¿Con qué frecuencia?

3.4. ¿Cómo es su relación con los padres por lo general?

5.1. ¿Se les permite a los padres visitar la clase antes de matricular a su niño? ¿Cómo se maneja esto?

7.1. ¿Participan los padres en la evaluación del programa? ¿Cómo se hace esto? ¿Con qué frecuencia?

7.2. ¿Qué hace usted cuando parece que los padres están teniendo dificultades? *Si la respuesta es incompleta, pregunte*: ¿Los remiten a otros profesionales para obtener ayuda?

7.3. ¿Participan los padres en la toma de decisiones respecto al programa? ¿Cómo se maneja esto?

Inadecuado		Mínimo		Bueno		Excelente
1	2	3	4	5	6	7

34. Previsiones para las necesidades personales del personal

1.1 No hay áreas especiales para el personal (p. ej., baño separado, sala para descansar, lugar para guardar efectos personales).

1.2 No se da a los miembros del personal tiempo aparte de los niños para atender a sus asuntos personales (p. ej., no tienen tiempo para tomar descansos).

3.1 Hay un baño separado para los adultos.

3.2 Hay muebles para adultos fuera del área de juego de los niños.

3.3 Hay espacio en muebles para guardar efectos personales.

3.4 Los miembros del personal tienen por lo menos un descanso al día.

3.5 Cuando es necesario, se hacen adaptaciones para responder a las necesidades de algún miembro del personal con discapacidades.
NA permitida.

5.1 Hay una sala de descanso con muebles para adultos; esta sala puede tener una función doble (p. ej., oficina, sala de conferencias).

5.2 Hay un espacio conveniente en muebles para guardar artículos personales con seguridad cuando sea necesario.

5.3 Diariamente se da tiempo para descansos en la mañana, en la tarde y al mediodía para el "almuerzo".*

5.4 Hay equipo y previsiones para las comidas y las meriendas del personal (p. ej., espacio en el refrigerador, cocina, etc.).

5.5 Hay previsiones para satisfacer las necesidades de personal con discapacidades aunque no haya personal discapacitado contratado.

7.1 Hay un área de descanso separada para los adultos (sin función doble).

7.2 Hay muebles cómodos para los adultos en la sala de descanso.

7.3 El personal tiene cierta flexibilidad sobre el momento en que toman los descansos.

Notas aclaratorias

5.3. Estos requisitos se basan en un día de trabajo de 8 horas y deben ser ajustados para períodos más cortos.

Preguntas

1.2, 3.4, 5.3. ¿Tiene usted un tiempo libre durante el día en que pueda estar lejos de los niños? *Si la respuesta es afirmativa, pregunte:* ¿Cuándo ocurre esto?

3.3, 5.2. ¿Dónde guarda sus cosas personales, tales como su abrigo o su cartera? ¿Cómo funciona esto?

Inadecuado		Mínimo		Bueno		Excelente
1	2	3	4	5	6	7

35. Previsiones para las necesidades profesionales del personal

1.1 El personal no tiene acceso al teléfono.

1.2 No hay espacio en muebles para archivar o guardar los materiales del personal (p. ej., no hay espacio para guardar los materiales que necesita el personal para preparar las actividades).

1.3 No hay un espacio disponible para las conferencias individuales durante las horas de asistencia de los niños.

3.1 Hay acceso conveniente a un teléfono.

3.2 Hay acceso a algún espacio en muebles para archivar y guardar materiales.

3.3 Hay algún espacio disponible para las conferencias individuales durante las horas de asistencia de los niños.

5.1 Hay acceso a un amplio espacio en muebles para archivar y guardar materiales.

5.2 Se usa un espacio de oficina separado para la administración del programa.*

5.3 El espacio para las conferencias y las reuniones de los grupos de adultos es satisfactorio (p. ej., el uso doble o compartido de un espacio no dificulta el horario; la privacidad está asegurada; hay muebles para adultos).

7.1 Hay un espacio de oficina bien equipado para la administración del programa (p. ej., se usa una computadora, una impresora, una fotocopiadora, un contestador, etc.).

7.2 El programa tiene espacio que se puede usar para las conferencias individuales y reuniones de grupos y este espacio está en un local conveniente, es cómodo y está separado del espacio que se usa para las actividades de los niños.

Notas aclaratorias

5.2. Para dar una calificación positiva a este indicador, la oficina debe estar en el local en que funciona el programa, debe estar abierta durante las horas de funcionamiento del programa y debe prestar servicios administrativos al programa.

Preguntas

1.1, 3.1. ¿Tiene usted acceso al teléfono? ¿Dónde?

1.2, 3.2, 5.1. ¿Tiene acceso a algún archivador y espacio en un mueble para guardar cosas? Describa.

1.3, 3.3, 5.3, 7.2. ¿Hay algún espacio que pueda usar para conferencias de padres y maestros o para reuniones de grupos adultos cuando están presentes los niños? Describa.

5.2, 7.1. ¿Hay una oficina para el programa? Describa.

Inadecuado		Mínimo		Bueno		Excelente
1	2	3	4	5	6	7

36. Interacción y cooperación entre el personal*

1.1 No hay comunicación entre los miembros del personal de información necesaria para responder a las necesidades de los niños (p. ej., no se comunica la información acerca de la partida adelantada de un niño).

1.2 Las relaciones interpersonales interfieren con las responsabilidades de cuidar a los niños (el personal socializa en vez de cuidar a los niños o se enojan y son secos unos con otros).

1.3 Las responsabilidades del personal no se distribuyen de manera justa (p. ej., un miembro del personal hace la mayor parte del trabajo, mientras otro apenas participa).

3.1 Se comunica una cierta medida de información básica para responder a las necesidades de los niños (p. ej., todos los miembros del personal saben las alergias, las necesidades especiales de alimentación y la información de salud de los niños).

3.2 Las interacciones interpersonales entre los miembros del personal no interfieren con las responsabilidades de cuidar a los niños.

3.3 Las responsabilidades del personal se distribuyen de manera justa.

5.1 La información relacionada con los niños se comunica diariamente entre los miembros del personal (p. ej., información sobre cómo van las rutinas y las actividades de juego de niños en particular).

5.2 Las interacciones entre el personal son positivas y agregan un sentido de afabilidad y apoyo.

5.3 Las responsabilidades se distribuyen para que el cuidado y las actividades se manejen bien.

7.1 El personal que trabaja con el mismo grupo o en la misma sala de clases tiene tiempo para planificar en conjunto por los menos cada dos semanas, cuando no son responsables de cuidar niños.

7.2 Las responsabilidades de cada miembro del personal están claramente definidas (p. ej., uno saca los materiales de juego mientras otro recibe a los niños; uno ayuda a los niños a prepararse para el descanso, mientras otro termina la supervisión de la hora de almuerzo).

7.3 El programa promueve la interacción positiva entre los miembros del personal (p. ej., organizando eventos sociales; motivando la asistencia en grupo a reuniones profesionales).

---

*Notas aclaratorias

Ítem 36. Asigne una calificación si dos o más miembros del personal trabajan con el grupo observado, aunque trabajen con el mismo grupo a distintas horas. Asigne una calificación NA si hay sólo un miembro del personal con el grupo.

Preguntas

1.1, 3.1, 5.1. ¿Tiene usted la oportunidad de intercambiar información sobre los niños con otros miembros del personal que trabajan con su grupo? ¿Cuándo y con qué frecuencia ocurre esto? ¿De qué hablan?

7.1. ¿Tienen tiempo para hacer planificación con sus colegas? ¿Con qué frecuencia?

7.2. ¿Cómo deciden usted y sus colegas lo que va a hacer cada uno?

7.3. ¿El programa organiza alguna vez eventos en los cuales participan usted y los otros miembros del personal? ¿Me podría dar algunos ejemplos?

Inadecuado		Mínimo		Bueno		Excelente
1	2	3	4	5	6	7

37. Continuidad del personal

1.1 Los niños tienen que adaptarse a muchos miembros del personal sin una persona estable que los cuide (p. ej., se cambia frecuentemente a los niños de un grupo a otro con distintos miembros del personal; hay muchos miembros del personal que trabajan con un solo grupo; mucho ir y venir del personal).

1.2 La mayoría de los niños son cambiados a nuevos grupos más de dos veces al año (p. ej., niños que cambian de grupos para bebés a grupos para niños pequeños menores y a grupos para niños pequeños en un lapso de año; se reorganiza con frecuencia a los grupos para cumplir con requisitos de inscripción y proporción de maestros a niños).

1.3 Las transiciones a nuevos grupos y los cambios de personal son repentinas y sin preparación para los niños (p. ej., no hay tiempo para conocer a los nuevos miembros del personal antes de cambiar; no hay tiempo para reconocer el nuevo horario o salón).

1.4 Hay frecuentes sustitutos que no conocen ni a los niños ni el programa.

3.1 Uno o dos miembros del personal estable que dirigen el grupo cada día proporcionan la continuidad (p. ej., la o el maestra(o) principal está normalmente presente con varios ayudantes; la o el maestra(o) principal y los asistentes organizan los horarios de manera que uno de ellos está siempre presente).

3.2 Rara vez se cambian los niños a grupos nuevos o se asigna personal nuevo a un grupo más de dos veces al año.

3.3 Hay algunas previsiones para facilitar las transiciones de los niños a nuevos grupos o los cambios del personal asignado a un grupo.

3.4 Rara vez, o jamás, se deja a cargo del grupo a sustitutos que no conocen ni a los niños ni el programa.

5.1 Muy pocas personas (2 ó 3) trabajan con los niños fuera del personal estable (p. ej., el número de voluntarios o estudiantes es limitado; se usa constantemente el mismo sustituto con el grupo).

5.2 Los niños normalmente permanecen con un miembro del personal y el mismo grupo durante un año como mínimo.

5.3 La orientación para un nuevo grupo o miembro del personal se hace gradualmente y con un adulto conocido presente (p. ej., la o el maestra(o) conocida va con el niño hasta el nuevo grupo por cortos períodos de juego durante varias semanas; la madre visita la nueva clase con el niño; el personal recién contratado trabaja con el grupo antes de que parta el personal conocido).

5.4 Se dispone siempre de un grupo estable de sustitutos familiarizado con los niños y con el programa.

7.1 Un miembro designado del personal se ocupa principalmente de un grupo pequeño de niños (p. ej., el miembro del personal preferido del niño lleva a cabo la mayor parte de las rutinas; el proveedor de cuidados principal del niño planea las actividades para el niño y se comunica con los padres).

7.2 El niño tiene la opción de permanecer con el mismo personal y grupo durante más de un año.

7.3 Hay suficiente personal contratado para que los sustitutos sean sólo los miembros del personal (p. ej., se dispone de sustitutos "flotantes" para que en caso de ausencia de la o el maestra(o) la proporción de maestras a niños no se vea afectada).

Preguntas

1.1, 3.1, 5.1. ¿Cuántos miembros del personal trabajan con este grupo cada día? ¿Quiénes son los principales miembros del personal que trabajan con este grupo?

1.2, 3.2, 5.2. ¿Cómo se asignan los niños a los grupos? ¿Con qué frecuencia se cambian los niños a otro grupo?

1.3, 3.3, 5.3. ¿Cómo se maneja la transición de un niño a un grupo nuevo?

1.4, 3.4, 5.4, 7.3. ¿Con qué frecuencia se necesitan sustitutos? ¿Cuáles son los sustitutos para el personal? ¿Cómo se preparan para ser sustitutos?

7.2. ¿Puede un niño permanecer con el mismo personal o grupo durante más de un año?

Inadecuado		Mínimo		Bueno		Excelente
1	2	3	4	5	6	7

38. Supervisión y evaluación del personal*

1.1 No hay supervisión para el personal.*

1.2 No se hacen comentarios o evaluaciones sobre el desempeño del personal.

3.1 Hay cierta medida de supervisión para el personal (p. ej., el director observa de manera informal; se hacen observaciones si hay quejas).

3.2 Se hacen algunos comentarios sobre el desempeño del personal.

5.1 Se hace una observación de supervisión una vez al año.

5.2 Por lo menos una vez al año se hace una evaluación escrita sobre el desempeño de cada miembro del personal y se conversa individualmente al respecto.

5.3 En la evaluación se identifican los puntos fuertes de cada miembro del personal y los puntos que se deben mejorar.

5.4 Se toman medidas para implementar las recomendaciones de la evaluación (p. ej., se da capacitación para mejorar el desempeño; se compran nuevos materiales, si es necesario).

7.1 El personal participa en la autoevaluación.

7.2 Además de la observación anual, se hacen frecuentemente observacione y comentarios al personal.

7.3 Los comentarios de la supervisión s dan de una manera que ayuda y apoya al personal.

Notas aclaratorias

Ítem 38. Califique este ítem NA sólo cuando el programa es atendido por una sola persona, sin personal adicional.

1.1. Obtenga información para calificar este ítem preguntándole a la persona supervisada, no al supervisor. Si el personal de la sala de clases dice que no sabe las respuestas, pregúntele al supervisor.

Preguntas

1.1, 3.1, 5.1, 5.2. ¿Se supervisa su trabajo de alguna manera? ¿Cómo se hace esto?

1.2, 3.2, 5.2, 7.3. ¿Alguna vez le dan a usted comentarios sobre su desempeño? ¿Cómo se hace esto? ¿Con qué frecuencia?

5.4. Si hace falta mejoramiento ¿cómo se maneja esto?

7.1. ¿Alguna vez toma usted parte en la autoevaluación?

Inadecuado		Mínimo		Bueno		Excelente
1	2	3	4	5	6	7

39. Oportunidades para el desarrollo profesional*

1.1 No se ofrece al personal orientación sobre el programa o capacitación durante el servicio.

1.2 No hay reuniones del personal.

3.1 Hay una cierta medida de orientación para el personal nuevo que incluye información sobre procedimientos de emergencia, de seguridad y de salud.

3.2 Se ofrece una cierta medida de capacitación durante el servicio a los empleados.

3.3 Hay algunas reuniones del personal para resolver asuntos de administración.

5.1 Hay una extensa orientación para el personal nuevo que incluye información sobre interacción con niños y padres, métodos de disciplina y actividades apropiadas.

5.2 El personal debe participar con regularidad en sesiones de capacitación durante el servicio para los empleados (p. ej., el personal participa en talleres de la comunidad; hay conferencistas invitados y se usan videos para la capacitación en el centro o la escuela).

5.3 Se celebran reuniones mensuales que incluyen actividades para el desarrollo del personal.

5.4 Hay algunos recursos profesionales disponibles en el centro (p. ej., se pueden sacar de la biblioteca libros, revistas u otros materiales sobre desarrollo infantil, sensibilidad cultural y actividades en clase).

7.1 Hay ayuda para que el personal asista a cursos, conferencias o talleres que el programa no ofrece (p. ej., se cubren el tiempo, los costos de viaje y los costos de la conferencia).

7.2 Hay una buena biblioteca profesional en el centro que contiene materiales actualizados sobre una variedad de temas en relación con la infancia temprana.

7.3 El personal con menos de un título de Asociado en Artes (Associate in Arts, AA) (dos años de universidad) en educación de la infancia temprana tiene como requisito seguir con su educación formal (p. ej., estudiar para obtener un certificado de Desarrollo Educativo General {General Equivalency Diploma, GED} {equivalencia de la secundaria}, una credencial de Asociado de Desarrollo Infantil {Child Development Associate, CDA} o un título AA).*
NA permitida.

---

*Notas aclaratorias

Ítem 39. Obtenga la información para calificar este número preguntándole al personal de la clase, a menos que el personal diga que no sabe. En ese caso, preguntele al supervisor.

7.3. Título AA/AS = Associate of Arts/Sciences (Asociado en Artes o en Ciencias), (programa de 2 años).
Credencial CDA = Child Development Associate (Asociado de Desarrollo Infantil), (programa de 1 año).
Certificado GED = General Equivalency Diploma (Desarrollo Educativo General),(equivalencia de la secundaria).

Preguntas

1.1, 3.1, 3.2, 5.1, 5.2. ¿Se le ofrece alguna capacitación al personal? Describa esta capacitación. ¿Qué se hace con el personal nuevo?
1.2, 3.3, 5.3. ¿Hay reuniones del personal? ¿Con qué frecuencia? ¿Qué se hace en estas reuniones?
5.4, 7.2. ¿Hay recursos en el centro que usted pueda usar para poner en práctica nuevas ideas? ¿Qué hay?
7.1. ¿Se ofrece alguna ayuda para que usted pueda asistir a conferencias o cursos? Describa lo que hay.
7.3. ¿Hay algún requisito de que el personal con menos de un título AA continúe su educación formal? Describa los requisitos.

Muestra de una Hoja de calificación y perfil llena

Muestra de una Hoja de calificación: Observación 1, 6/8/02

ESCUCHAR Y HABLAR		
12. Ayudar a los niños a entender el lenguaje	1 2 (3) 4 5 6 7	

	S N		S N		S N		S N
1.1	☐ ☑	3.1	☑ ☐	5.1	☑ ☐	7.1	☐ ☐
1.2	☐ ☑	3.2	☑ ☐	5.2	☐ ☑	7.2	☐ ☐
1.3	☐ ☑	3.3	☑ ☐	5.3	☐ ☑	7.3	☐ ☐
		3.4	☑ ☐	5.4	☐ ☑		

Conversación social frecuente: "¿Cómo está mi muchachito?" "Que niña más bonita." Se usan pocos nombres, no se nombran objetos.

13. Ayudar a los niños a utilizar el lenguaje	1 2 (3) 4 5 6 7	

	S N		S N		S N		S N NA
1.1	☐ ☑	3.1	☑ ☐	5.1	☐ ☑	7.1	☐ ☐
1.2	☐ ☑	3.2	☑ ☐	5.2	☐ ☑	7.2	☐ ☐ ☐
				5.3	☐ ☑	7.3	☐ ☐
						7.4	☐ ☐

Larga espera antes de que se atienda el llanto aproximadamente el 30% de las veces. No hay respuesta verbal.

14. Uso de libros	1 2 3 (4) 5 6 7	

	S N		S N		S N		S N NA
1.1	☐ ☑	3.1	☑ ☐	5.1	☑ ☐	7.1	☐ ☐ ☑
1.2	☐ ☑	3.2	☑ ☐	5.2	☐ ☑	7.2	☐ ☑
1.3	☐ ☑	3.3	☑ ☐	5.3	☑ ☐	7.3	☐ ☑
		3.4	☑ ☐	5.4	☑ ☐		

17 libros accesibles.

1 maestra(o) lee informalmente a 3 niños interesados.

A. Calificación de la subescala (Ítems 12 a 14) **10**

B. Número de ítems calificados **3**

Calificación promedio de ESCUCHAR Y HABLAR (A ÷ B) 3.33

Muestra de una Hoja de calificación: Observación 2, 8/11/02

ESCUCHAR Y HABLAR		
12. Ayudar a los niños a entender el lenguaje	1 2 3 4 5 (6) 7	

	S N		S N		S N		S N
1.1	☐ ☑	3.1	☑ ☐	5.1	☑ ☐	7.1	☐ ☑
1.2	☐ ☑	3.2	☑ ☐	5.2	☑ ☐	7.2	☑ ☐
1.3	☐ ☑	3.3	☑ ☐	5.3	☑ ☐	7.3	☑ ☐
		3.4	☑ ☐	5.4	☑ ☐		

"Aquí tienes tu taza Sarah. La estás sosteniendo". "Anda a buscar la pelota, Nathan. Está rodando". Gran cantidad de conversación como la que se indica.

13. Ayudar a los niños a utilizar el lenguaje	1 2 3 4 (5) 6 7	

	S N		S N		S N		S N NA
1.1	☐ ☑	3.1	☑ ☐	5.1	☑ ☐	7.1	☐ ☑
1.2	☐ ☑	3.2	☑ ☐	5.2	☑ ☐	7.2	☐ ☑ ☐
				5.3	☑ ☐	7.3	☐ ☑
						7.4	☐ ☑

Las preguntas son poco frecuentes. Quien más habla es el personal. Nadie nota un niño que usa oraciones de una palabra. Respuestas oportunas con regularidad.

14. Uso de libros	1 2 3 4 (5) 6 7	

	S N		S N		S N		S N NA
1.1	☐ ☑	3.1	☑ ☐	5.1	☑ ☐	7.2	☐ ☑ ☐
1.2	☐ ☑	3.2	☑ ☐	5.2	☑ ☐	7.3	☑ ☐
1.3	☐ ☑	3.3	☑ ☐	5.3	☑ ☐	7.4	☐ ☑
		3.4	☑ ☐	5.4	☑ ☐		

No hay área de libros para niños de más de 12 meses.

7.3 informe de la o el maestra(o)

A. Calificación de la subescala (Ítems 12 a 14) **16**

B. Número de ítems calificados **3**

Calificación promedio de ESCUCHAR Y HABLAR (A ÷ B) 5.33

Muestra de un perfil

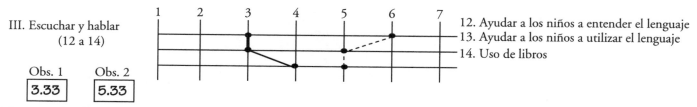

III. Escuchar y hablar
(12 a 14)

Obs. 1 **3.33**   Obs. 2 **5.33**

12. Ayudar a los niños a entender el lenguaje
13. Ayudar a los niños a utilizar el lenguaje
14. Uso de libros

Calificación promedio de la subescala

HOJA DE CALIFICACIÓN
Escala de Calificación del Ambiente para Bebés y Niños Pequeños. Edición Revisada
Thelma Harms, Debby Cryer, y Richard M. Clifford (2003)*

Observador: _____ Código del observador: ____ ____ ____

Centro / Escuela: _____ Código del centro: ____ ____ ____

Sala: _____ Código de la sala: ____ ____

Maestra(o) (s): _____ Código de la o el maestra(o): ____ ____

Número de miembros del personal presentes: ____ ____

Número de niños inscritos en la clase: ____ ____

Número máximo que el centro admite en una clase a la vez: ____ ____

Número máximo de niños presente durante la observación: ____ ____

Fecha de la observación: __ __/__ __/__ __
  d d m m a a

Número de niños con discapacidades identificadas: ____ ____

Marque el tipo o tipos de discapacidad: ☐ física/sensorial   ☐ cognitiva/lingüística
  ☐ social/emocional   ☐ otra: _____

Fechas de nacimiento de los niños: menor __ __/__ __/__ __
  d d m m a a

  mayor __ __/__ __/__ __
  d d m m a a

Hora de inicio de la observación: ____ ____ :____ ____ a.m.   p.m.
Hora de terminación de la observación: ____ ____ :____ ____ a.m.   p.m.

ESPACIO Y MUEBLE S

1. Espacio interior   1 2 3 4 5 6 7   Notas:

	S N		S N NA		S N		S N
1.1	☐ ☐	3.1	☐ ☐	5.1	☐ ☐	7.1	☐ ☐
1.2	☐ ☐	3.2	☐ ☐	5.2	☐ ☐	7.2	☐ ☐
1.3	☐ ☐	3.3	☐ ☐	5.3	☐ ☐	7.3	☐ ☐
1.4	☐ ☐	3.4	☐ ☐				
		3.5	☐ ☐ ☐				

2. Muebles para el cuidado rutinario y el juego   1 2 3 4 5 6 7

	S N		S N		S N NA		S N NA
1.1	☐ ☐	3.1	☐ ☐	5.1	☐ ☐	7.1	☐ ☐
1.2	☐ ☐	3.2	☐ ☐	5.2	☐ ☐ ☐	7.2	☐ ☐ ☐
1.3	☐ ☐	3.3	☐ ☐	5.3	☐ ☐	7.3	☐ ☐
		3.4	☐ ☐	5.4	☐ ☐	7.4	☐ ☐
				5.5	☐ ☐		

3. Previsiones para el relajamiento y el confort   1 2 3 4 5 6 7

	S N		S N		S N		S N NA
1.1	☐ ☐	3.1	☐ ☐	5.1	☐ ☐	7.1	☐ ☐
		3.2	☐ ☐	5.2	☐ ☐	7.2	☐ ☐ ☐
				5.3	☐ ☐	7.3	☐ ☐

4. Organización de la sala   1 2 3 4 5 6 7   Notas:

	S N		S N NA		S N		S N
1.1	☐ ☐	3.1	☐ ☐	5.1	☐ ☐	7.1	☐ ☐
1.2	☐ ☐	3.2	☐ ☐	5.2	☐ ☐	7.2	☐ ☐
		3.3	☐ ☐ ☐	5.3	☐ ☐	7.3	☐ ☐
				5.4	☐ ☐		

5. Exhibiciones para los niños   1 2 3 4 5 6 7

	S N		S N		S N		S N NA
1.1	☐ ☐	3.1	☐ ☐	5.1	☐ ☐	7.1	☐ ☐
1.2	☐ ☐	3.2	☐ ☐	5.2	☐ ☐	7.2	☐ ☐
				5.3	☐ ☐	7.3	☐ ☐
				5.4	☐ ☐	7.4	☐ ☐ ☐

A. Calificación de la subescala (Ítems 1a 5)   ____

B. Número de ítems calificados   ____

Calificación promedio de ESPACIO Y MUEBLES (A ÷ B)   ____ . ____

*Permiso es dado por esto para fotocopiar la hoja de calificación y el perfil, pero no la escala completa.

RUTINAS DE CUIDADO PERSONAL

6. Recibimiento y despedida   `1 2 3 4 5 6 7`   Notas:

	S N		S N		S N NA		S N NA
1.1	☐ ☐	3.1	☐ ☐	5.1	☐ ☐	7.1	☐ ☐
1.2	☐ ☐	3.2	☐ ☐	5.2	☐ ☐	7.2	☐ ☐
1.3	☐ ☐	3.3	☐ ☐	5.3	☐ ☐ ☐	7.3	☐ ☐ ☐
		3.4	☐ ☐				

7. Comidas y meriendas   `1 2 3 4 5 6 7`

	S N NA		S N NA		S N NA		S N
1.1	☐ ☐	3.1	☐ ☐	5.1	☐ ☐	7.1	☐ ☐
1.2	☐ ☐	3.2	☐ ☐	5.2	☐ ☐	7.2	☐ ☐
1.3	☐ ☐	3.3	☐ ☐	5.3	☐ ☐		
1.4	☐ ☐	3.4	☐ ☐	5.4	☐ ☐		
1.5	☐ ☐ ☐	3.5	☐ ☐ ☐	5.5	☐ ☐ ☐		

8. Siesta   `1 2 3 4 5 6 7 NA`

	S N		S N		S N NA		S N
1.1	☐ ☐	3.1	☐ ☐	5.1	☐ ☐	7.1	☐ ☐
1.2	☐ ☐	3.2	☐ ☐	5.2	☐ ☐ ☐	7.2	☐ ☐
1.3	☐ ☐	3.3	☐ ☐	5.3	☐ ☐		
		3.4	☐ ☐				

9. Cambio de pañales y uso del baño   `1 2 3 4 5 6 7`

	S N		S N		S N		S N NA
1.1	☐ ☐	3.1	☐ ☐	5.1	☐ ☐	7.1	☐ ☐
1.2	☐ ☐	3.2	☐ ☐	5.2	☐ ☐	7.2	☐ ☐ ☐
1.3	☐ ☐	3.3	☐ ☐	5.3	☐ ☐	7.3	☐ ☐
1.4	☐ ☐	3.4	☐ ☐	5.4	☐ ☐		

10. Prácticas de salud   `1 2 3 4 5 6 7`

	S N		S N NA		S N NA		S N NA
1.1	☐ ☐	3.1	☐ ☐	5.1	☐ ☐	7.1	☐ ☐
1.2	☐ ☐	3.2	☐ ☐	5.2	☐ ☐	7.2	☐ ☐ ☐
1.3	☐ ☐	3.3	☐ ☐	5.3	☐ ☐	7.3	☐ ☐
		3.4	☐ ☐ ☐	5.4	☐ ☐ ☐		

11. Prácticas de seguridad   `1 2 3 4 5 6 7`   Notas:

	S N		S N		S N		S N
1.1	☐ ☐	3.1	☐ ☐	5.1	☐ ☐	7.1	☐ ☐
1.2	☐ ☐	3.2	☐ ☐	5.2	☐ ☐	7.2	☐ ☐
1.3	☐ ☐	3.3	☐ ☐				

A. Calificación de la subescala (Ítems 6 a 11)   ___ ___

B. Número de ítems calificados   ___

Calificación promedio de RUTINAS DE CUIDADO PERSONAL (A ÷ B) ___ ___

ESCUCHAR Y HABLAR

12. Ayudar a los niños a entender el lenguaje   `1 2 3 4 5 6 7`

	S N		S N		S N		S N
1.1	☐ ☐	3.1	☐ ☐	5.1	☐ ☐	7.1	☐ ☐
1.2	☐ ☐	3.2	☐ ☐	5.2	☐ ☐	7.2	☐ ☐
1.3	☐ ☐	3.3	☐ ☐	5.3	☐ ☐	7.3	☐ ☐
		3.4	☐ ☐	5.4	☐ ☐		

13. Ayudar a los niños a utilizar el lenguaje   `1 2 3 4 5 6 7`

	S N		S N		S N		S N NA
1.1	☐ ☐	3.1	☐ ☐	5.1	☐ ☐	7.1	☐ ☐
1.2	☐ ☐	3.2	☐ ☐	5.2	☐ ☐	7.2	☐ ☐ ☐
				5.3	☐ ☐	7.3	☐ ☐
						7.3	☐ ☐

14. Uso de libros   `1 2 3 4 5 6 7`

	S N		S N		S N		S N NA
1.1	☐ ☐	3.1	☐ ☐	5.1	☐ ☐	7.1	☐ ☐ ☐
1.2	☐ ☐	3.2	☐ ☐	5.2	☐ ☐	7.2	☐ ☐
1.3	☐ ☐	3.3	☐ ☐	5.3	☐ ☐	7.3	☐ ☐
		3.4	☐ ☐	5.4	☐ ☐		

A. Calificación de la subescala (Ítems 12 a 14) ___ ___

B. Número de ítems calificados ___

Calificación promedio de ESCUCHAR Y HABLAR (A ÷ B) ___. ___ ___

ACTIVIDADES

15. Motricidad fina   1 2 3 4 5 6 7   Notas:

	S N		S N		S N		S N
1.1	☐ ☐	3.1	☐ ☐	5.1	☐ ☐	7.1	☐ ☐
1.2	☐ ☐	3.2	☐ ☐	5.2	☐ ☐	7.2	☐ ☐
		3.3	☐ ☐				

16. Juego físico activo   1 2 3 4 5 6 7

	S N		S N		S N		S N
1.1	☐ ☐	3.1	☐ ☐	5.1	☐ ☐	7.1	☐ ☐
1.2	☐ ☐	3.2	☐ ☐	5.2	☐ ☐	7.2	☐ ☐
1.3	☐ ☐	3.3	☐ ☐	5.3	☐ ☐	7.3	☐ ☐
				5.4	☐ ☐		
				5.5	☐ ☐		

17. Arte   1 2 3 4 5 6 7 NA

	S N		S N NA		S N NA		S N
1.1	☐ ☐	3.1	☐ ☐ ☐	5.1	☐ ☐ ☐	7.1	☐ ☐
1.2	☐ ☐	3.2	☐ ☐	5.2	☐ ☐	7.2	☐ ☐
		3.3	☐ ☐	5.3	☐ ☐		

18. Música y movimiento   1 2 3 4 5 6 7

	S N		S N		S N		S N
1.1	☐ ☐	3.1	☐ ☐	5.1	☐ ☐	7.1	☐ ☐
1.2	☐ ☐	3.2	☐ ☐	5.2	☐ ☐	7.2	☐ ☐
		3.3	☐ ☐	5.3	☐ ☐	7.3	☐ ☐
				5.4	☐ ☐		

19. Bloques   1 2 3 4 5 6 7 NA   Notas:

	S N		S N		S N NA		S N
1.1	☐ ☐	3.1	☐ ☐	5.1	☐ ☐	7.1	☐ ☐
		3.2	☐ ☐	5.2	☐ ☐	7.2	☐ ☐
		3.3	☐ ☐	5.3	☐ ☐ ☐	7.3	☐ ☐

20. Juego dramático   1 2 3 4 5 6 7

	S N		S N		S N NA		S N NA
1.1	☐ ☐	3.1	☐ ☐	5.1	☐ ☐	7.1	☐ ☐
		3.2	☐ ☐	5.2	☐ ☐	7.2	☐ ☐ ☐
				5.3	☐ ☐	7.3	☐ ☐
				5.4	☐ ☐ ☐		

21. Juego con arena y agua   1 2 3 4 5 6 7 NA

	S N NA		S N		S N		S N
1.1	☐ ☐ ☐	3.1	☐ ☐	5.1	☐ ☐	7.1	☐ ☐
		3.2	☐ ☐	5.2	☐ ☐	7.2	☐ ☐
		3.3	☐ ☐	5.3	☐ ☐		

22. Naturaleza y ciencias   1 2 3 4 5 6 7

	S N		S N		S N		S N
1.1	☐ ☐	3.1	☐ ☐	5.1	☐ ☐	7.1	☐ ☐
1.2	☐ ☐	3.2	☐ ☐	5.2	☐ ☐	7.2	☐ ☐
		3.3	☐ ☐	5.3	☐ ☐		

23. Uso de televisores, videos y/o computadoras   1 2 3 4 5 6 7 NA

	S N NA		S N		S N		S N
1.1	☐ ☐	3.1	☐ ☐	5.1	☐ ☐	7.1	☐ ☐
1.2	☐ ☐	3.2	☐ ☐	5.2	☐ ☐	7.2	☐ ☐
1.3	☐ ☐ ☐	3.3	☐ ☐	5.3	☐ ☐		

24. Promoción de la aceptación de la diversidad	1 2 3 4 5 6 7	Notas:

	S N		S N		S N		S N
1.1	☐ ☐	3.1	☐ ☐	5.1	☐ ☐	7.1	☐ ☐
1.2	☐ ☐	3.2	☐ ☐	5.2	☐ ☐	7.2	☐ ☐
1.3	☐ ☐	3.3	☐ ☐				

28. Disciplina	1 2 3 4 5 6 7	Notas:

	S N		S N		S N		S N
1.1	☐ ☐	3.1	☐ ☐	5.1	☐ ☐	7.1	☐ ☐
1.2	☐ ☐	3.2	☐ ☐	5.2	☐ ☐	7.2	☐ ☐
		3.3	☐ ☐	5.3	☐ ☐	7.3	☐ ☐
				5.4	☐ ☐		

A. Calificación de la subescala (Ítems 15 a 24) ___ ___

B. Número de ítems calificados ___

Calificación promedio de ACTIVIDADES (A ÷ B) ___ .___ ___

A. Calificación de la subescala (Ítems 25 a 28) ___ ___

B. Número de ítems calificados ___

Calificación promedio de INTERACCIÓN (A ÷ B) ___ .___ ___

INTERACCIÓN

ESTRUCTURA DEL PROGRAMA

25. Supervisión del juego y del aprendizaje	1 2 3 4 5 6 7

	S N		S N		S N		S N
1.1	☐ ☐	3.1	☐ ☐	5.1	☐ ☐	7.1	☐ ☐
		3.2	☐ ☐	5.2	☐ ☐	7.2	☐ ☐
				5.3	☐ ☐	7.3	☐ ☐
				5.4	☐ ☐		

29. Horario	1 2 3 4 5 6 7

	S N		S N		S N		S N
1.1	☐ ☐	3.1	☐ ☐	5.1	☐ ☐	7.1	☐ ☐
1.2	☐ ☐	3.2	☐ ☐	5.2	☐ ☐	7.2	☐ ☐
1.3	☐ ☐			5.3	☐ ☐		
				5.4	☐ ☐		

26. Interacción entre los niños	1 2 3 4 5 6 7

	S N		S N		S N		S N
1.1	☐ ☐	3.1	☐ ☐	5.1	☐ ☐	7.1	☐ ☐
1.2	☐ ☐	3.2	☐ ☐	5.2	☐ ☐	7.2	☐ ☐

30. Juego libre	1 2 3 4 5 6 7

	S N		S N		S N		S N
1.1	☐ ☐	3.1	☐ ☐	5.1	☐ ☐	7.1	☐ ☐
1.2	☐ ☐	3.2	☐ ☐	5.2	☐ ☐	7.2	☐ ☐
		3.3	☐ ☐	5.3	☐ ☐		

27. Interacción entre el personal y los niños	1 2 3 4 5 6 7

	S N		S N		S N		S N
1.1	☐ ☐	3.1	☐ ☐	5.1	☐ ☐	7.1	☐ ☐
1.2	☐ ☐	3.2	☐ ☐	5.2	☐ ☐	7.2	☐ ☐
1.3	☐ ☐	3.3	☐ ☐	5.3	☐ ☐		
		3.4	☐ ☐				

31. Actividades de juego en grupo	1 2 3 4 5 6 7 NA

	S N		S N		S N		S N
1.1	☐ ☐	3.1	☐ ☐	5.1	☐ ☐	7.1	☐ ☐
1.2	☐ ☐	3.2	☐ ☐	5.2	☐ ☐	7.2	☐ ☐
1.3	☐ ☐	3.3	☐ ☐	5.3	☐ ☐		

32. Previsiones para niños discapacitados | 1 2 3 4 5 6 7 NA | Notas:

S N	S N	S N	S N
1.1 ☐ ☐	3.1 ☐ ☐	5.1 ☐ ☐	7.1 ☐ ☐
1.2 ☐ ☐	3.2 ☐ ☐	5.2 ☐ ☐	7.2 ☐ ☐
1.3 ☐ ☐	3.3 ☐ ☐	5.3 ☐ ☐	7.3 ☐ ☐
1.4 ☐ ☐	3.4 ☐ ☐		

A. Calificación de la subescala (Ítems 29 a 32)   ___ ___

B. Número de ítems calificados   ___

Calificación promedio de ESTRUCTURA DEL PROGRAMA (A ÷ B) ___ ___

PADRES Y PERSONAL

33. Previsiones para los padres | 1 2 3 4 5 6 7 |

S N	S N	S N	S N
1.1 ☐ ☐	3.1 ☐ ☐	5.1 ☐ ☐	7.1 ☐ ☐
1.2 ☐ ☐	3.2 ☐ ☐	5.2 ☐ ☐	7.2 ☐ ☐
	3.3 ☐ ☐	5.3 ☐ ☐	7.3 ☐ ☐
	3.4 ☐ ☐	5.4 ☐ ☐	

34. Previsiones para las necesidades personales del personal | 1 2 3 4 5 6 7 |

S N	S N NA	S N	S N
1.1 ☐ ☐	3.1 ☐ ☐	5.1 ☐ ☐	7.1 ☐ ☐
1.2 ☐ ☐	3.2 ☐ ☐	5.2 ☐ ☐	7.2 ☐ ☐
	3.3 ☐ ☐	5.3 ☐ ☐	7.3 ☐ ☐
	3.4 ☐ ☐	5.4 ☐ ☐	
	3.5 ☐ ☐ ☐	5.5 ☐ ☐	

35. Previsiones para las necesidades profesionales del personal | 1 2 3 4 5 6 7 |

S N	S N	S N	S N
1.1 ☐ ☐	3.1 ☐ ☐	5.1 ☐ ☐	7.1 ☐ ☐
1.2 ☐ ☐	3.2 ☐ ☐	5.2 ☐ ☐	7.2 ☐ ☐
1.3 ☐ ☐	3.3 ☐ ☐	5.3 ☐ ☐	

36. Interacción y cooperación entre el personal | 1 2 3 4 5 6 7 NA | Notas:

S N	S N	S N	S N
1.1 ☐ ☐	3.1 ☐ ☐	5.1 ☐ ☐	7.1 ☐ ☐
1.2 ☐ ☐	3.2 ☐ ☐	5.2 ☐ ☐	7.2 ☐ ☐
1.3 ☐ ☐	3.3 ☐ ☐	5.3 ☐ ☐	7.3 ☐ ☐

37. Continuidad del personal | 1 2 3 4 5 6 7 |

S N	S N	S N	S N
1.1 ☐ ☐	3.1 ☐ ☐	5.1 ☐ ☐	7.1 ☐ ☐
1.2 ☐ ☐	3.2 ☐ ☐	5.2 ☐ ☐	7.2 ☐ ☐
1.3 ☐ ☐	3.3 ☐ ☐	5.3 ☐ ☐	7.3 ☐ ☐
1.4 ☐ ☐	3.4 ☐ ☐	5.4 ☐ ☐	

38. Supervisión y evaluación del personal | 1 2 3 4 5 6 7 NA |

S N	S N	S N	S N
1.1 ☐ ☐	3.1 ☐ ☐	5.1 ☐ ☐	7.1 ☐ ☐
1.2 ☐ ☐	3.2 ☐ ☐	5.2 ☐ ☐	7.2 ☐ ☐
		5.3 ☐ ☐	7.3 ☐ ☐
		5.4 ☐ ☐	

39. Oportunidades para el desarrollo profesional | 1 2 3 4 5 6 7 |

S N	S N	S N	S N NA
1.1 ☐ ☐	3.1 ☐ ☐	5.1 ☐ ☐	7.1 ☐ ☐
1.2 ☐ ☐	3.2 ☐ ☐	5.2 ☐ ☐	7.2 ☐ ☐
	3.3 ☐ ☐	5.3 ☐ ☐	7.3 ☐ ☐ ☐
		5.4 ☐ ☐	

A. Calificación de la subescala (Ítems 33 a 39)   ___ ___

B. Número de ítems calificados   ___

Calificación promedio de PADRES Y PERSONAL (A ÷ B) ___ . ___ ___

Calificaciones totales y calificaciones promedio

Comentarios:

	Calif. total	N° de ítems calificados	Calif. promedio
Espacio y muebles	_____	_____	_____
Rutinas de cuidado personal	_____	_____	_____
Escuchar y hablar	_____	_____	_____
Actividades	_____	_____	_____
Interacción	_____	_____	_____
Estructura del programa	_____	_____	_____
Padres y personal	_____	_____	_____
TOTAL	_____	_____	_____

Perfil de la ITERS-R

Centro/Escuela: _____

Maestra(o) (s)/Sala: _____

Observación 1: ___/___/___ d d m m a a   Observador: _____

Observación 2: ___/___/___ d d m m a a   Observador: _____

Escala de calificación: 1 2 3 4 5 6 7

I. Espacio y muebles (1 a 5)
1. Espacio interior
2. Muebles para el cuidado rutinario y el juego
3. Provisiones para el relajamiento y el confort
4. Organización de la sala
5. Exhibiciones para los niños

Obs. 1 ☐   Obs. 2 ☐   Calificación promedio de la subescala ☐

II. Rutinas de cuidado personal (6 a 11)
6. Recibimiento y despedida
7. Comidas y meriendas
8. Siesta
9. Cambio de pañales y uso del baño
10. Prácticas de salud
11. Prácticas de seguridad

Obs. 1 ☐   Obs. 2 ☐

III. Escuchar y hablar (12 a 14)
12. Ayudar a los niños a entender el lenguaje
13. Ayudar a los niños a utilizar el lenguaje
14. Uso de libros

Obs. 1 ☐   Obs. 2 ☐

IV. Actividades (15 a 24)
15. Motricidad fina
16. Juego físico activo
17. Arte
18. Música y movimiento
19. Bloques
20. Juego dramático
21. Juego con arena y agua
22. Naturaleza y ciencias
23. Uso de televisores, videos y/o computadoras
24. Promoción de la aceptación de la diversidad

Obs. 1 ☐   Obs. 2 ☐

V. Interacción (25 a 28)
25. Supervisión del juego y del aprendizaje
26. Interacción entre los niños
27. Interacción entre el personal y los niños
28. Disciplina

Obs. 1 ☐   Obs. 2 ☐

VI. Estructura del programa (29 a 32)
29. Horario
30. Juego libre
31. Actividades de juego en grupo
32. Previsiones para niños discapacitados

Obs. 1 ☐   Obs. 2 ☐

VII. Padres y personal (33 a 39)
33. Previsiones para los padres
34. Previsiones para necesidades personales del personal
35. Previsiones para necesidades profesionales del personal
36. Interacción y cooperación entre el personal
37. Continuidad del personal
38. Supervisión y evaluación del personal
39. Oportunidades para el desarrollo profesional

Obs. 1 ☐   Obs. 2 ☐

Calificaciones promedio de las subescalas
ESPACIO Y MUEBLES
RUTINAS DE CUIDADO PERSONAL
ESCUCHAR Y HABLAR
ACTIVIDADES
INTERACCIÓN
ESTRUCTURA DEL PROGRAMA
PADRES Y PERSONA

1 2 3 4 5 6 7